わが人生 16

◉株式会社「つま正」社長
小山正武

宝積

人に尽くして見返りを求めず

神奈川新聞社

座右の銘「宝積」について語る筆者

2018年11月20日
調理師法施行60周年記念全国大会　明治記念館

岡山後楽園

2018年７月22日　岡山県調理師会発足会

2018年10月19日
ホテルニューグランド　開業90周年記念　5代目総料理長　宇佐神茂　料理の夕べ

2018年５月８日　田中和徳代議士を囲む京浜懇話会　ホテル・ザ・ノットヨコハマ

2018年10月4日　島村大参議院議員を励ます会　ANAインターコンチネンタルホテル東京

2018年４月21日　食の神フェスティバル
三浦市海南神社「包丁塚」移設記念式典

2018年10月20日　ふるさと港北ふれあいまつり　日産スタジアム

私のライフワーク
ライオンズクラブ活動

2012年5月25日
筆者の地区ガバナー活動を支えたキャビネットのメンバーと日本丸をバックに

2018年6月2日
横浜開港祭　花火

2012年５月４日
東日本大震災の翌年、第60回ザよこはまパレードに参加

2013年７月　ライオンズクラブ国際大会　ハンブルク市立公園で植樹

著者がガバナー退任後に立ち上げたヨンナナ会のベスト

2018年６月27日～７月３日
ライオンズクラブ　ラスベガス国際大会に出席

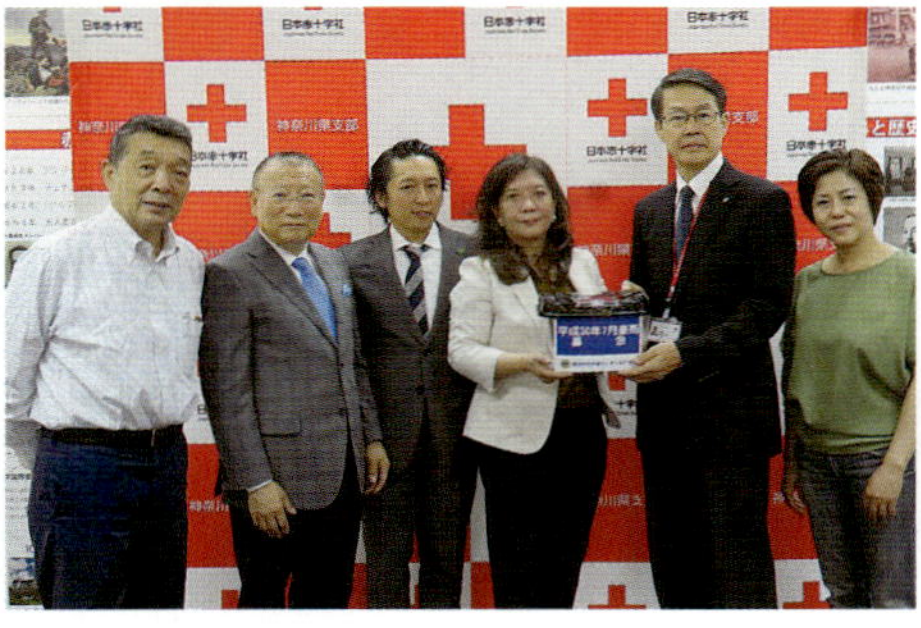

2018年８月７日
横浜中央市場ライオンズクラブ　平成30年７月豪雨募金を日本赤十字社に贈呈

つま正の創業者として

食材の加工技術に定評がある

つま正グループ社員旅行
2016年６月12日
さくらんぼ研修

ガトーよこはま　チーズケーキ

2017年11月15日　つま正40周年　つま正グループの社員とともに

旅と写真を愛する筆者の思い出のひとこま

1978年4月　新婚旅行は沖縄へ

2018年11月25日　京都へ　永観堂

2018年7月9日
和歌浦天満宮

2017年7月3日　マンハッタン

2017年11月27日
小峰城

2018年4月7日
城ヶ島の夕景

2016年9月2日
函館五稜郭

時代を超えて　世代を重ねて

８歳の筆者と弟・雅教（生後５カ月）

1969年　墨心書道展に出展

故郷・松代に帰省
1973年

孫たちに囲まれる（つま正40周年）
2017年11月15日

３人の息子に恵まれる
1989年

目次

本書は神奈川新聞「わが人生」欄に2018（平成30）年6月1日から8月31日まで63回にわたって連載されたものに加筆・修正しました。

はじめに　つま――脇役ながらも存在感あり

近年、「和食」が世界的なブームとなり、２０１３（平成25）年にはユネスコの無形文化遺産に登録された。私が創業した「つま正」は和食、とりわけ刺し身には欠かせない「つま」などの業務用野菜を取り扱う会社である。

「刺し身のつま」といえば、ほとんどの人が白髪大根（ケン）を思い浮かべるのではないだろうか。まちなかの青果店は大根を１本単位で売るのが当たり前だが、弊社のような「つまもの屋」は生鮮野菜に加え、白髪大根のような加工品を、和洋中の料理を提供する飲食店に納品している。

横浜市中央卸売市場にほど近い「つま正」の配送エリアは、神奈川県と東京都を中心としたホテル、結婚式場、レストラン、日本料理店などである。そのため、一般消費者との接点は少ないものの、神奈川県やその周辺にお住まいの方なら、どこかで弊社が納入した食材を食べていただいているのではないかと思う。

近ごろではまず飲食店で使い始められた野菜が家庭料理へと広まり、食卓に彩りを添えることも珍しくない。そのため弊社では旬の野菜や日本各地の地場野菜にも力を入れ、珍しい野菜を集めた弊社の販売サイト「つま正ドットコム」に関心を寄せてくれる人も増えてきた。その意味では、「刺し身のつま」という脇役から始まった会社ではあるが、日本の豊かな食文化を支える黒子になれているのではないだろうか。

私は「つま」の一種である「むきもの（野菜の飾り切り）」を学んだことがきっかけで調理師の資格を取得し、以来、神奈川県調理師連合会、日本調理師会などの事業に積極的に参加する一方、およそ30年に及ぶライオンズクラブの活動では自ら5つのクラブを立ち上げ、２０１１（平成23）年には地区の最高運営役員である「地区ガバナー」の大任も果たすことができた。

それもこれもいろいろな方々の支援を受け、会社が成長を続けられたおかげと思い、世の中への恩返しのつもりで２０１５（平成27）年には横浜中央市場保育園（こまつな保育園）を開園した。現在はチーズケーキ製造販売「ガトーよこはま」などを含む「つま正グループ」の事業のほとんどを３人の息子に任せ、国内外を飛びまわっている。

平成の始まりとともに40代を迎えた私は、平成最後の春（２０１９年）に70歳の節目を迎えるが、これまでの人生の大半を横浜で過ごしてきた。本社ビルも横浜市中央卸売市場（神奈川区）の隣接地で2度、場所を移しながら規模を広げて建て替えた。登記上の本社は自宅のある神奈川区神大寺だが、間もなくスタートする新しい元号のもとで、3度目の新社屋のお披露目をすることになっている。

「つま」は時に「刺し身のつまにもならない」というネガティブな使われ方をするけれども、「わが人生」はまさに「つま」とともに歩んできたものである。2018（平成30）年6月から神奈川新聞紙面に連載した私の「わが人生」は、節目の年を目前にひかえた私にとって、これまでを振り返るまたとない機会となった。人生にはいくつもの転機があるが、今がまさに最も新しい「その時」だと感じている。

平成最後の春に

小山正武

近況などを語る筆者＝横浜市神奈川区の本社

第一章　原点

人生の原点となったふるさと

人生の原点となった七つ詣り

私が生まれたのは新潟県東頸城郡《ひがしくびきぐん》松代村《まつだいむら》の桐山《きりやま》という小さな山村だ。日本有数の豪雪地帯である松代村は１９５４（昭和23）年10月に松代町となり、現在は十日町市となっている。

「松代」というと、ＮＨＫの大河ドラマにもなった真田幸村の兄・信之を藩祖とする松代藩の城下町の松代（現・長野市）がよく知られている。同じ「松代」の字でも、あちらは「まつしろ」、こちらは「まつだい」で混同されることも多い。そのせいか、１９９７（平成９）年３月に開通した北越急行ほくほく線の駅名は、当初から「まつだい」というひらがな表記となっている。

この辺りは雪深いだけでなく、かつて「陸の孤島」といわれていた。それが上越新幹線とほくほく線を乗り継げば、東京駅から約2時間で「まつだい」駅に到着するのだから、本当に便利になったものだ。

車なら関越自動車道に乗り、六日町インターチェンジから松代までは国道２５３号線で約50分足らずだ。確かに首都圏から近くはなったものの、若い頃はいざ知らず、最近は帰省する機会も少なくなっていた。

そのせいか、子どものころの記憶が思った以上に乏しいことに、今さらながら驚いた。横浜へ来てからの厳しくも充実した人生が、少年時代の記憶の上に降り積もったせいでもあるのだろうが、それでも「わが人生」の記事を書くにあたり、兄弟や親戚、友人らに確かめながら、古い写真などを眺めているうちにいろいろと思い出すことができた。

まず思い浮かんだのは、数え年7歳の男の子が毎年5月8日に松苧《まつお》神社に参拝する「七つ詣《まい》り」だ。おそらく七五三行事の一種で、子どもの健やかな成長を祝うとともに、一人前の男になるための通過儀式だったのだろう。

私の生まれた桐山からは山の急斜面を深い沢まで下り、そこから約360メートルの松苧山頂にある神社まで、険しい山の斜面を登り直さなければならない。それは、子どもにとっては気の遠くなるような道のりだった。5月といえども細い登山道のあちらこちらに残雪があり、最後には岩肌に打ち込まれた鎖を使って岩肌をよじ登るという難所が待ち受けている。

ようやくたどり着いた松苧神社の境内はさほど広くはないが、かやぶき屋根の社殿は木造建築物としては新潟県内最古だそうで、今は国の重要文化財となっている。

近年は途中まで車で行くことができ、「七つ詣り」の登山に要するのはせいぜい30分ほどらしい。それでも早朝に登山を始め、神主さんのお祓《はら》いが終わると、この日だけ境内に開かれるおもちゃ屋でおもちゃを買ってもらえるというご褒美は、昔も今も同じなのだという。厳しい試練を乗り越えた子どもの望みを、この日ばかりは何でもかなえてやるという親心なのだろうが、私は何を買ってもらったのかまったく覚えていない。

七つ詣りの登山をした小学校１年時の筆者＝1955年

その後は同行した家族や親戚がそろって赤飯の入った祝いの弁当を開き、祝いの宴会が開かれる。といっても本番は下山後で、親族総出で大宴会を催すのが習わしとされ、かつては1年前に店を予約することもあったという。

この「七つ詣り」は数え年7歳だから、当時の私は小学校1年生になったばかり。それを真っ先に思い出したのは「わが人生」においてそれなりの意味があったからだろう。最近は年に数人の参加しかないと聞くが、残してほしい伝統行事のひとつである

３郡３村が共同で小中学校を創設

横浜市の標高は最も高いところでも１６０メートルくらいだと思うが、私の生まれた旧松代町《まつだいまち》（現・十日町市）は市街地のいちばん低いところでも１５０メートルはある。町域の大半は新潟県南部の穀倉地帯である頸城《くびき》平野（高田平野）と、信濃川沿いの十日町盆地を隔てる東頸城《くびき》丘陵の一部をなし、山また山の豪雪地帯だ。

東頸城《くびき》丘陵は新潟県南部の分水嶺《れい》でもあるため、町の中央を流れる渋海《しぶみ》川は東に流れて信濃川に注ぎ、町の北部から流れ出る鯖石《さばいし》川は北上して石黒川と合流し日本海に向かって流れていく。そしてこの二つの川とその支流沿いに、小さな棚田が点在している。

私の生家がある桐山は松代町の東北のはずれに位置し、町の中心部から山道を約９キロも登った山の中だ。しかもかつての川西町、高柳町と境を接している境界集落である。さらに面倒なことに、松代町は東頸城《くびき》郡、川西町は中魚沼郡、高柳町は刈羽《かりわ》郡に属していたため、桐山は3町の境であるとともに3郡の境でもあるという、何とも微妙な場所に位置していた。

その後の町村合併で、松代町と川西町は旧中魚沼郡だった十日町市に、高柳町は刈羽郡だった柏崎市になって今日に至っている。詳しい事情は分からないが、そうした土地ゆえ、戦後の1947（昭和22）年に実施された学制改革の際、隣り合った3村（当時あるいは後にいずれも町制施行して松代町・川西町・高柳町）の有志が力を合わせて「3村学校組合立桐谷小中学校」を創設したと聞いている。

「桐谷」は、松代町の桐山、川西町の桐山、高柳町の後谷という3つの地区名に由来するもので、それが私の母校の桐谷小学校、そして桐谷中学校である。

当時、それぞれ公立の分校も作られてはいたようだが、どの集落からも子どもの足で通うには遠い。そうした地理的な事情を踏まえ、特に幼い児童の通学の負担を減らするため、あえて行政の枠を超えて小中学校を創設したのだろう。

学制改革にあたっては山深い土地の地理的な事情に加え、生徒の数などの都合で、こうした「組合立」の公立学校がいくつか作られたようだが、まだ戦後の経済的な混乱が続く中のこと、校舎を建てる土地を確保し、建築費を捻出するため、保護者や児童生徒、地元の人たちが寄付や勤労奉仕で学校運営を支えたことは容易に想像できる。桐谷小中学校も例外ではなく、私の父の小山正近《まさちか》も学校創設に当初から加わり、校舎建設のための木材を供出したという。

2018（平成30）年5月、「わが人生」の連載準備をかねて久々に戻った故郷は思いのほか狭く、かつて数十戸が軒を連ねた村も、今はわずか数軒しかない、いわゆる限界集落と化していた。

筆者が通った桐谷小中学校＝1956年

しかも松代と川西の境界は、気を付けなければ見逃してしまいそうな、草に覆われた小さな沢でしかない。昔も郡や町村の境が目に見えたわけではないけれど、小さな沢の先には松代の桐山の住民である私たちが「向こう桐山」と呼んでいた川西の桐山にも鎮守の神社があった。それは子どもたちにとってはどこか遠い、別の「ムラ」だったはずなのだが――。

越後の山間にひっそりとたたずむ、今にも消えゆきそうな一つの小さな村。でも、少年時代の私にとっては、ここが世界の全てだったのだ。

父は東京生まれで新潟へ

田舎の集落にはよくあることだが、私の生まれた新潟県十日町市桐山には「小山」姓がとても多く、そのため、家々は「屋号」で呼び合っていた。

わが屋は「小松」といい、私の父方の祖父・小山善蔵が小山本家の「平三郎」から分家したと伝わる。祖母の「そか」も小山家の分家の一つ「勘助」の娘だ。ところが善蔵・そか夫婦は実子に恵まれなかったため、善蔵の兄弟の子である正近を養子に迎えた。これが私の父である。

正近の実父は東京の蒲田で呉服商をしていた佐藤家の養子となっていたため、1907（明治40）年生まれの正近は幼少期を蒲田で過ごし、しばらく都内の呉服店で働いていたらしい。そのため呉服に詳しく、器用に角帯を結んで格好よく着物を着こなしていた。

正近がいつ伯父にあたる善蔵の養子になったかは聞いていない。ただ、桐山の古い墓地には27（昭和2）年に病没した善蔵を弔うため、翌28（昭和3）年、20歳の正近が建てた墓石が残っているので、おそらく十代後半に東京から桐山に来たのだろう。

この墓碑には善蔵が日露戦争に陸軍兵として出征して名誉の戦傷を負い、勲章を授与されたことが記されている。

一方、私の母のチヨはそかの実家である「勘助」の娘である。といっても「平三郎」から「勘助」に養子に入って跡を継いだ善蔵の兄弟である五三郎の子なので、戸籍上は正近といとこ同士であり、そかと直接の血縁関係はない。

つまり善蔵は、自分の兄弟の息子と娘を夫婦にして、「小松」の跡取りとしたのである。

かつては子どもの数が多く、分家するにも土地に限りがあるため、跡継ぎ以外は外に出て行かざるを得なかった。ただ、跡継ぎが必ずしも無事に育つとは限らなかったことから、親類縁者の中で事情に応じて養子縁組が繰り返されて、小山家も例外ではなかった。

今の私が分かっているのは「平三郎」「勘助」「小松」の小山3家の数代だけだが、正近の生家（善蔵の弟の養子先）である東京・蒲田の佐藤家とも、おそらく何らかの血縁や地縁があったものと思われる。

母のチヨは父の正近より7歳下の14（大正3）年生まれで、桐山で生まれ育った。血縁上はいとことはいえ、遠く離れた東京で育った正近と、元々の面識はなかったのではないだろうか。

私はそんな正近・チヨ夫婦の4男として49（昭和24）年3月8日に生まれた。戸籍上は6人兄弟だが、長男、3男、5男がいずれも早死にしたため、実質的には11歳上の2男・

筆者の家族。左から兄征一、母チヨ、父正近と弟雅教、筆者＝1963年8月

征一、7歳下の6男・雅教との3人兄弟として育った。

早世した3人の死因はいずれも急性肺炎などで、当時は深い雪に阻まれ、遠い松代の町にしかいない医者に見せることができなかった。交通の便が整備された今なら助かったかもしれない。

いかに濃い血縁があったとはいえ、東京から新潟の片田舎へ、今風に言うならIターンした父のおかげで今の私がある。そのことに心から感謝したい。

雪解けを彩る山の恵み

旧松代町の中心地から桐山へ登る道は、現在は新潟県道219号線となり、桐山辺りを最高地点とする尾根筋を走って柏崎市高柳町方面へと下っていく。

この尾根道が桐山のメインストリートで、私が子どもの頃には、雑貨や日用品、駄菓子などを売る店が2軒ばかりあった。家々は尾根筋の周辺の斜面にへばり付くように散在し、幾筋もの沢が流れる谷底に向かって棚田が作られていた。

「小松」と呼ばれたわが家は分家だったため、田んぼのほとんどは家から遠い、尾根を越えた反対側の斜面の棚田ばかりだった。家の前には大きなキハダの木があり、ゴツゴツした樹皮は生薬や染料として使われていたようだ。

祖父の善蔵は私が生まれるずっと前に亡くなっていたが、祖母のそかは小学生になる頃まで健在だった。そのため、祖母と一緒に母の実家の「勘助」という屋号の家によく遊びに行った。ところがどこに行くにも、細くて急な坂道を上り下りしなければならない。子どもの足には、隣の家でさえ遠く思われた。

当時はどの家もかやぶき屋根で、母屋に連なるように作業小屋やうまやが作り付けられていた。うまやといっても飼っていたのは農作業に使う牛である。

旧松代町は全国有数の豪雪地帯で、1984（昭和59）年に5メートル20センチの積雪を記録しているが、山間部ではこれを上回ることも珍しくない。私にも電線が埋もれた雪の上を、長靴スキーで通学した記憶がある。

雪に埋もれる筆者の生家（右）＝1967年4月

年によって差はあるものの、だいたい12月中旬には根雪となり、ようやく解け出すのは４月末頃だ。毎年１２０日以上は雪に埋もれ、その間はほぼ毎日、屋根の雪下ろしや生活道の雪かきに追われる。

よく使ったのが木製のスコップのような「こしき」で、真ん中にロウを塗り、滑りをよくして雪を崖下に放り投げていく。屋根の上では傾斜のある場所に細長い「雪とよ」という木の板を置く。この表面にもロウを塗り、「こしき」で放り投げた雪が滑り落ちやすくしておくのである。

生活を支えるのは棚田の稲作を中心とした農業だが、農作業ができない冬場は出稼ぎに出る人が多い。兄の征一もその一人で、後に私が横浜に来たのも、地元の人たちの出稼ぎの縁によるものだった。

年の瀬になると、兄がハマチやマグロを土産に帰省してくる。ふだん魚を口にする機会は少なく、月に何度か魚屋のトラックがスピーカーを鳴らして移動販売にやってきたが、買えたのはせいぜい干物や塩クジラの類いだった。

正月明けに東京に戻った兄が出稼ぎを終えて戻ってくると、そこかしこに山菜が芽吹き始める。フキノトウを皮切りに、コゴメ、ウルイ、ヤマウド、タラノメ、ワラビ、ゼンマイ、キノメ（アケビの新芽）、フキなどを次々と、だいたい7月末まで収穫できる。

後年、自ら野菜を扱いながら日本各地を訪れるようになって分かったことだが、新潟の山菜は種類が多くておいしい。大量の雪や冷たい雪解け水にさらされて適度にアクが抜け、雪解け後に一気に成長するので柔らかいからだ。今後はそうした魅力も広く伝えていきたい。

徐々に広がっていく「世界」

１９５５（昭和30）年４月、私は地域の有志が設立した３町学校組合立桐谷小学校（十日町市桐山）に入学した。３町とは当時の松代町、川西町、高柳町である。

小中学校が同居する校舎は木造２階建てで、正面玄関の左側に体育館代わりの運動教室があり、冬場も飛び回ることができた。1階は職員室や音楽室、保健室、用務員室などで、教室は2階だったと思う。校庭にはバレーボールコートやテニスコートがあり、鉄棒や回転遊具があった。

小学校入学時の同級生は7人だったが、中学校卒業時は女子5人、男子4人。最近になって手に入れた中学校の卒業生名簿によると、最も多い学年でも15人で、私が中学3年生当時は、小中学校合わせて60人くらいだった。

私の卒業後はさらに生徒が減り、72（昭和47）年に卒業した弟の雅教の学年を最後に、松代町立松代中学校（現十日町市立松代中学校）に統合されている。

児童生徒が少なかったせいだろうか、主な学校行事は日本海側に下った高柳町岡野町にあった小中学校と一緒に行っていた。おそらく教師も、高柳町の採用分で派遣されていたのではないかと思う。

行政区域上は東頸城《くびき》郡松代《まつだい》町なので、公的な用事や日常生活に関わることでは松代に出ることになるが、小中学校関係はすべて高柳。そのため、私には松代の町の記憶といっても、小山家の菩提《ぼだい》寺の少林寺《しょうりんじ》と長松庵《ちょうしょうあん》くらいしかない。長松庵は松代観音祭りで知られる十王堂《じゅうおうどう》の近くの尼寺で、お盆やお彼岸には長松庵の年配の尼さんが、遠い桐山までお経を上げに来てくれていた。

車道が整備された今、生家のあった旧松代町桐山を起点にすると、松代町の中心街に行くのも高柳町の岡野町に行くのも距離的にはほとんど変わらない。ただ、当時は高柳町へ向かう方が傾斜のきつい山道で、その分だけ距離は短かった。

桐谷小学校の運動会に参加した筆者（前から２列目左端）＝1959年

ところが小学生の私は帰りの山登りが苦手で、柿の木坂と呼ばれていた急坂に来るといつも息苦しくなり、気持ちが悪くなって座り込んでしまった。早生まれで身体が小さかったこともあり、いつも誰かが背負ってくれたが、いつからか「柿の木坂のエース」と呼ばれるようになった。頼れる「エース」ではなく、世話の焼ける子、手のかかる小僧をからかったあだ名だが、数が少ないなりに子ども同士で助け合う優しさがあった。

みんなの世話になりながらも、文化祭や体育祭などがあるたびに桐山と高柳とを往復したおかげで、身体もだんだん鍛えられていった。桐谷中学校で卓球が得意だった私は郡大会まで進んだこともある。

柏崎と会津若松を結ぶ国道252号線が通る高柳町の岡野町付近は、桐山に比べればずいぶんにぎやかで、訪れるたびに世界が広がっていくのを感じた。そういえば、初めて映画を観たのも岡野町だった。たぶん中学校の授業の一環だったが、映画『十戒』の海が大きく割れるシーンが記憶に残っている。

桐谷小中学校の卒業生名簿を見ると、私のように新潟県外に出た者が多く、県内では十日町市ではなく柏崎市在住者が多い。雪深い十日町市に比べて日本海に面した柏崎市は雪が少ないという理由はあるが、小中学校時代から高柳、柏崎になじんできた影響も大きいのではないだろうか。

版画で全国1席入選

私の母校である桐谷小中学校（現新潟県十日町市）が、3郡3村の境に造られたことは前に書いた通りだ。子どもの通学の利便性等を考慮し、3村が共同して設立した「組合立」

という珍しい設立形態だった。この「組合」とは地方自治法により、複数の自治体が共同で行政サービスを行うためにつくられる一部事務組合のことで、現在もこうした珍しいケースが数校はあるらしい。

山間部に散在する集落の事情に合わせた、きわめて合理的な選択のようだが、実はこれが一筋縄ではいかなかった。旧松代《まつだい》村（当時）桐山に「組合立」の桐谷小中学校の新設が決まると、反対派が松代村立清水小学校の桐山分校をすぐ近くに誘致したからだ。

そのため、戸数60戸足らずの集落に2つの小学校が存在することになった。親たちはどちらに子どもを通わせるかで激しく対立し、季節の祭りや行事も別々に行われるようになった。子どもたちも自然と反目し合い、「オラ方（自分たち）」「ナイラ（お前たち）」と呼び合った。

それまでのあらゆる価値観や制度がひっくり返された終戦後の混乱期、根っこには農地改革に伴う村内の主導権争いや派閥、経済格差などがあったと想像するが、当時の新聞記事によると、両者の対立は13年もの長きに及んだという。

私自身はあまり深刻な対立を経験していないが、それは私が中学校へ進んだ1960（昭和35）年前後に、小学校が桐谷小1校に統合され、集落内の和解が進んだからだと思う。

今は廃校になった桐山小中学校（元桐谷小中学校）の跡地に立つ筆者＝2018年５月４日

そうした対立の経緯があったため、学校は児童生徒のクラブ活動に力を入れた。体育、美術、音楽、家庭の４分野のクラブ活動を当時の通例から２年前倒しし、小学校３年生から始めさせたのである。

何かと対立しがちだった子どもたちの心を一つにするため、学校を居心地のよい場所にして、できるだけ楽しい時間を共有させようとしたのだろう。桐谷小中学校は集落のほぼ中心にあり、一番遠い家でも学校から10分もかからない。暗くなるまで学校にいても帰路は安心だった。

それらのクラブ活動の中で最も大きな成果を上げたのが美術だった。62（昭和37）年秋、旺文社の雑誌『中学時代』主催の全国版画コンクールに大勢の入選者を出し、当時、中学２年生だった私の作品「野良仕事」も１席入選となった。

共同制作の作品も含めて中学校10点、小学校22点の入選（佳作を含む）は、在校生の数を考えればかなり優秀なものだと思う。子どもたちが力を合わせて作った作品が入賞したことは、集落の大人たちにとっても大きな喜びとなった。

当時の中村校長は新潟日報の記者に、「へき地の子どもたちでも都会に劣らない素質を持っていることを証明できた」と誇らしげに語っている。

その後、過疎化が進んだため、桐谷小中学校は松代町立桐山小中学校に改組され、昭和50年代半ばには廃校となった。その跡地は雑木に覆われ、かつての面影を探すのは難しい。

修学旅行で初めて首都圏へ

私が中学2年生になった1962（昭和37）年の春、中学校生活における一大イベントがあった。東京方面への修学旅行である。

といっても、1学年が10人にも満たない小規模校のため、修学旅行は3年に1度、3学年が合同で行うことになっていた。それで私の場合、中学2年の4月末に修学旅行に参加する機会が巡ってきたのだ。

今ならほくほく線のまつだい駅から越後湯沢へ出て上越新幹線に乗り継げばよいが、新

修学旅行で上野公園を訪れた筆者（前から３列目左から２人目）＝1962年4月

幹線などまだ構想すらない時代のこと、東京へ出るには相当な時間を要した。

　松代からバスで十日町へ出て、飯山線と上越線を乗り継いで長岡に買い物に出る人もいたが、実際の修学旅行でどんな経路をたどったのか、私はまったく覚えていない。そこで毎年、冬季に東京へ出稼ぎに出ていた兄の征一に聞くと、次のようなルートを教えてくれた。おそらく修学旅行もこうした旅程だったのではないだろうか。

　ほくほく線はまだなかったので、松代や十日町方面ではなく、日本海側の高柳町岡野町へ下り、そこからバスで国鉄の通る安田（現柏崎市）へ出る。

　安田駅から信越線で長岡方面へ向かい、長岡の一駅手前の宮内駅で上越線に乗り換え、さらに高崎駅で高崎線に乗り継いで上野駅へ向かうのだ。

安田駅から東京駅まで在来線を乗り継ぐと、電化・複線化された現在のダイヤでも約6時間かかるのだから、当時は丸々一日がかりだったと思う。

生まれて初めて高柳町の先へ足を踏み出し、新潟県の外へ出て、生まれて初めて汽車に乗ったのだから、そのスピードや車窓からの景色、すれ違う列車、谷川岳を貫く長い清水トンネルなどにみんなで歓声を上げたはずだ。

でも、覚えているのは東京の九段会館で床に就いてからも、ガタンゴトンと電車に揺られているような心持ちで、何だか落ち着かなかったことくらい。

皇居、国会議事堂、上野公園、羽田空港、横浜港、鎌倉、江ノ島などを巡ったが、自分でも不思議なほど当時の記憶が希薄だ。手元に残る写真で訪れた場所が分かるようでは、長時間かけて出てきたかいがないというものだ。

とはいえ、後に人生の多くを過ごす「横浜」に初めて足を踏み入れたのがこの修学旅行で、今から半世紀以上も前のことだと思うと感慨深いものがある。

修学旅行の翌63（昭和38）年の年明け、「三八豪雪」と呼ばれる記録的な大雪が日本海側を襲った。各地で住宅被害、鉄道被害を引き起こし、多くの死者が出たが、元々豪雪地帯で暮らしていたせいか、これもあまり印象に残っていない。

同年8月、兄の征一が結婚することになった。新婦は出稼ぎ先の築地で出会った渡辺孝子さんで、新潟県小千谷市の出身である。

男兄弟ばかりだったわが家は家族が一人増えた喜びに包まれたが、それと入れ替わるように、私の旅立ちの時が迫っていた

卒業後半年間農業を手伝う

私が中学校を卒業した1964（昭和39）年、高等学校への進学率は6~7割に達していただろう。ただ、私の故郷のような過疎地から進学する者は少なく、同級生のほとんどが就職したのではないかと思う。

6歳下の弟・雅教は松代駅近くに下宿して新潟県立松代高校へ通ったが、私は中学卒業後、どこに勤めることもなく、実家の農業を手伝って過ごした。

そもそも農繁期には小中学校も休みになる時代だった。小さな棚田でも田植えと稲刈りには人手がかかり、それこそ猫の手も借りたいほど忙しくなるからだ。

米農家だから、米の飯だけは食べ放題。朝は家で食べ、昼飯と3時のおやつの分は、曲げわっぱにご飯を詰め込んだ弁当か、みそを塗って焼いたにぎり飯を田んぼに持っていっ

た。おかずは野菜やきのこ類の煮っころがしや漬物である。

干した餅で作る揚げ餅もおやつの定番だった。日が暮れて家に戻ればすぐに夕飯だから、誰もがよく働き、よく食べた。

桐谷中学校を卒業した筆者（前から２列目右から４人目）＝1964年3月

松代のような豪雪地帯の雑木は雪の重みのせいでたわみやすい。そこで、田んぼ近くの空き地に適度に曲がった雑木を組んでカヤを載せ、簡易テントのような小屋を作り、よく使う農機具を置いたり、休憩場所として使っていた。
そんな野良仕事にも慣れた6月16日、昼飯を食べ終え、母屋に続く作業小屋にいたときだった。突然足元から大きな揺れに襲われ、田植えを終えたばかりの田んぼの水が大きく波打つのが見えた。
マグニチュード7・6の新潟地震に襲われたのだ。幸いわが家は事なきを得たが、新潟県、山形県、秋田県などの日本海側を中心に、建物の倒壊、津波や液状化、火災など大きな被害が起きた。

秋の東京オリンピックのため、前倒しで開催された新潟国体の春季大会を終えてわずか5日後のことだ。県内では被害の大きさとともに、8月の夏季大会が中止になったことがニュースとなった。

当時はみそや梅干しも全て手作りだった。わが家では洗った大豆を水に漬け、ゆでてつぶして丸めたみそ玉をわらひもに結んで天井からぶらさげた。そうやって熟成させてから、こうじと塩を混ぜていたのだと思う。

みそはみそ汁だけではなく、野菜のみそ漬けや焼きおにぎりなど、何にでもよく使うため、毎年、かなりの量を仕込んでいた。

家でニワトリを飼っていたから卵はふんだんにあった。肉といえばその鶏肉か、山で捕れるウサギが食卓に乗ることもあった。

山里だから、山菜が豊富なことはもちろんだが、桑の実、柿、クルミ、アケビなどもよく食べた。渋柿の皮をむき、細い竹などに串刺しにしてすだれのようにつるし、干し柿を作った。壊れた蛇の目傘の骨を再利用することもあり、昔ながらのエコな生活だった。

そんな自給自足のような毎日の中で、とても楽しみだったのがコッペパン。父の正近が何かの用事で出掛けた松代の町から買ってくる、ちょっとハイカラな食べ物だった。

第二章　奮闘

第二の故郷「よこはま」にて

上京してかまぼこ屋で働く

私の父の正近は東京生まれ、東京育ちということもあって集落の中で一目置かれ、周囲から何かと頼られる存在だった。

若い頃は酒を飲まなかったが、区長や農業委員などの役職を務めるようになると、付き合いで酒を飲む機会が増え、ついつい深酒をすることがあった。酔った父を迎えに行くことに気が進まず、そのせいで私は今でも酒は飲まない。というか飲めない体質で、せいぜい試飲をする程度である。

米どころの新潟は酒どころとしても知られるが、集落内でどぶろくを密造しているというわさが立ち、税務署が調査に来たこともあった。

そうしたのどかな生活に別れを告げたのは、桐谷中学を卒業しておよそ半年後の1964（昭和39）年11月、私は出稼ぎに行く兄の征一に同行して、東京の築地で働くことになった。煉《ねり》・加工品を扱う「伏仲《ふしなか》」という店で、いわゆるかまぼこ屋だ。

ちょうど東京オリンピックが終わった直後で、おそらく日本中がその余韻の中にあったはずだ。日本人選手の活躍はもちろん、オリンピックに合わせて開業した東海道新幹線が大きな話題になっていたが、私には縁遠い出来事に思われた。

伏仲はそれまで兄が毎冬に世話になっていた店である。その兄が一緒だったとはいえ、築地での日々は驚きの連続だった。昨日まで「とっつぁー」や「おっかー」に甘えていた田舎者の小僧にとって、何もかもがまるで別世界だった。

伏仲の社員旅行で京都を訪れた筆者（右）と兄の征一。京都駅前にて＝1965年1月

たとえば、晴海通りと新大橋通りが交差する築地4丁目交差点は片側3車線の大通りなのに、途切れることなく車が走っている。付近の建物はまだ木造が多かったけれど、背の高い鉄筋ビルがちらほらと建ち始めていた。

築地の水産仲卸業者は取り扱う品物によって、大物（マグロ）、鮮魚（魚介類一般）、特種物（すしや天ぷらのタネ）、煉《ねり》・加工品、淡水魚、サケ・タラコ、エビ、タコ、合物（干物全般）、干魚（煮干し類）などに大別される。

当時の築地市場は開場30周年を翌年に控え、水産物仲卸売り場の増設を終えたばかり。店番号1000~8000番台の売り場に加え、新たにイ・ロ・ハ・ニの「通称新店舗」ができ、1コマに2店舗が入るように大規模な移動が行われたという。店の広さはせいぜい2坪余りだが、細分化された専門店が軒を連ね、いつも活気にあふれていた。

まだ夜の明けない暗いうちから裸電球がこうこうとともり、数え切れないほどの仲買業者が足早に出入りする様は、まるでどこからか人間が沸き出してくるように思われた。築地の水産仲卸棟には豊洲への移転直前まで約630店がひしめいていたが、60年代半ばにはその倍はあったのではないだろうか。

お上りさんで右も左も分からない私は、波除《なみよけ》稲荷神社の近くにあった下宿から海幸橋《かいこうばし》を渡り、築地市場を往復するだけ。

そのうち、歌舞伎座の近くの富士銀行（当時）にその日の売り上げを預けにいくことを任されるようになった。せいぜい歩いて数分の距離だが、今思うと、中卒の新米によくそんな大金を持たせたものだ。

社員旅行で初めて京都へ

私が築地の伏仲《ふしなか》というかまぼこ屋に働きに出たのは1964（昭和39）年11月。今ではほとんど埋め立てられてしまった築地川の一部や、その支流の東支川、西支川が運河のように流れ、都電の路線も残っていた。

それからおよそ半世紀、街の景観はずいぶん変わったが、まだ夜も明け切らない早朝3時ごろからごった返す築地市場の騒がしさと活気は、昭和から平成へそのまま受け継がれた。豊洲移転でその歴史に終止符が打たれることには、ほんの短期間でも築地に身を置いた者として寂しく残念な思いがある。

伏仲が取り扱っていたのは、かまぼこ、ちくわ、はんぺん、ナルトなどの煉《ね》り製品で、顧客はほとんどが魚屋だった。どれも魚のすり身から作られる商品だから、魚屋が扱うというわけだ。

スーパーマーケットに行けば何でもそろう今とは違い、毎日の買い物は、魚屋、八百屋、精肉店、つくだ煮屋、煮豆屋などをはしごするのが当たり前だった。

年の瀬が迫ると、築地がいつにも増して活気づいていくことは、新米の私にも肌で感じられた。かまぼこ屋も例外ではなく、毎日がてんてこ舞いだった。

断面が半円形になる板付けかまぼこは、初日の出を象徴するものとして、おせち料理の必需品だ。黒豆、昆布巻き、紅白なます、田作りなどのおせちを手作りする家庭はまだ多

伏仲の社員旅行で京都を訪れた筆者。金閣寺にて＝1965年1月

かったが、さすがにかまぼこは魚屋で買ってくるしかない。そのため、年末はまさに稼ぎ時だった。兄や私が冬場だけ出稼ぎに行ったのも、需要がこの時期に集中していたからだ。

当時の伏仲の主力商品のかまぼこは、小田原の老舗・丸う田代總本店のものだった。石川県七尾市のスギヨのちくわ、青森県青森市の「さんじるし」（丸石沼田商店）、同「イゲタ」（イゲタ沼田焼竹輪工場）の焼きちくわなどが売れ筋だったことが懐かしく思い出される。ちなみにスギヨは１９７２（昭和47）年、「かに風味かまぼこ」を開発・販売したことで知られている。

築地の水産物の扱いは12月29日の「止め市」で終わり、1月５日の「初市」から始まる。今でもマグロの初競りの価格がニュースになるのが恒例だが、特に２０１８（平成29）年は「最後の初市」としてNHKのドキュメンタリー番組で取り上げられた。

年始の取り引きが一段落したころ、伏仲の社員旅行に連れていってもらえることになった。行き先は京都で、前年秋に開業したばかりの東海道新幹線特急「こだま」に初めて乗ることができた。

京都観光の定番である清水寺や金閣寺、龍安寺などのほか、比叡山などにも足を延ばしたのは、当時の築地の景気が良かった証しだろう。

中学生時代は丸刈りだが、この頃にはだいぶ伸びた髪を七三に分け、初めて買ったスーツ姿での旅だった。京都で撮った写真がわれながら大人びて見えるのは、親元を離れて働き、短い間でも他人の飯を食ったからかもしれない。

第2の故郷となる横浜へ

１９６４（昭和39）年の東京オリンピック当時、国内の自動車保有台数はおよそ６００万台に迫っていた。８０００万台を超えた現在に比べれば10分の1以下だが、昭和30年代後半は毎年１００万台ペースで増え、自動車社会の到来は目前だった。

鉄道輸送を想定して作られた築地市場でもトラック便が急増し、鉄道便の取扱量を追い越したのもこの頃だったと聞いている。

そんな時代背景もあったからだろう。私はかまぼこ屋の伏仲で働きながら、65（昭和40）年3月8日の誕生日を過ぎるとすぐ、かちどき橋を渡った先の月島にあった自動車教習所に通い始めた。

16歳になれば軽自動車の運転免許を取得できると知っていたからで、当時はこの免許で360ccまで運転することができた。車体の大きさとエンジンの排気量を制限して価格を抑えた軽自動車は、自動車の普及を大幅に加速させていた。

免許を取って間もない4月、兄の征一とともに新潟の松代に帰郷した私は、新緑の山道を棚田に通い、前年と同じく農家の仕事を手伝う日々に戻った。

ところが田植えが終わってしばらくした頃、伏仲の先輩社員の鮎瀬喜作さんから声が掛かり、横浜の卵焼きの専門メーカーである玉栄商店（現株式会社玉栄）で働くことになった。卵焼き屋の顧客はほとんどがすし屋で、卵焼きと一緒にかまぼこなどを納品することが多い。つまり、玉栄は伏仲の得意先のひとつで、鮎瀬さんが担当していた。

鮎瀬さんがどういう経緯で就職の話を持ってきてくれたのか、今はもう分からないが、こうした縁がなければ私はおそらくこの年も稲刈りを終えた晩秋、兄と一緒に築地の伏仲に行ったのだろう。その後の人生を振り返ってみると、成り行き任せではあったものの、この時点での横浜行きが私にとって大きな転機となったことは確かである。

こうして私は65（昭和40）年6月、横浜で新しい生活を始めることになった。57（昭和32）年に横浜の南幸（現横浜市西区）で創業した玉栄はその頃、神奈川県立平沼高等学校の隣に移転したばかりだった。当時は有限会社で、社長は山田栄一さん。1階が調理場、2階が寮になっていて、私のような若者が10人くらい一緒に寝起きしていた。

玉栄商店の社名が入ったダイハツ・ミゼットと筆者＝1966年3月

仕事といっても初めはほとんど配達ばかり。これには取ったばかりの運転免許が大いに役に立った。「玉栄」の社名の入ったダイハツ・ミゼットで横浜市内の得意先を回るのだ。オート三輪の代名詞のようなミゼットは小回りが利き、市内の配達には持ってこいだった。ただ、横浜に来たばかりの私は右も左も分からない。最初は先輩が同乗して配達ルートを教えてくれた。

「おっと、こっちが近道だ。左へ曲がれ」

そう言われて急ハンドルを切り、横転しそうになったこともあった。その後、配達先が横須賀方面に広がると、スピードの出る四輪のハイゼットで配達するようになった。

誘われて転職を決意

玉栄商店では商品の配達から始め、しばらくすると卵焼きの調理も任されるようになった。鶏卵にだしなどの調味料を加え、四角い卵焼き器で焼く、いわゆるだし巻き卵である。作り方は家庭で焼くのと同じだが、すし屋によって注文に大小があった。大量に作るためには、同時に5台の卵焼き器の面倒を見なければならない。その要領が良かったのか、同じ数を焼くのに、同僚より早いのが私の自慢だった。

そして、ふっくらとした食感を残しながら、保存性を高めるために火をしっかり通す、という焼き加減を身体で覚えていった。

茶巾ずし用の薄焼き卵、錦糸卵、ちらしずしに使うおぼろなども作った。おぼろは魚のすり身に砂糖、酒、みりん、塩などを加え、大きな鍋で水分が飛ぶまでからいりする。ふんわりした食感に仕上げるのが肝要で、なかなか根気のいる仕事だった。

いわゆる「伊達巻《だてまき》」は他に専門店があったが、すし屋向けに魚肉のミンチを入れただて巻き風の卵焼きも作った。巻かないだて巻きのようなもので、今でもこの卵焼きで握りを出すすし屋がたまにある。

私はこの時点で卵焼きを極めたつもりだったが、最近になって新しい発見があった。ある人にこう言われたのだ。

「卵焼きの色が悪くなるのは、火の通しすぎだよ」

そういえば、卵焼きでもゆで卵でも、時間が経つときれいな卵黄色ではなく、黒ずむことがある。卵焼きの場合は油が悪いのかと思っていたが、火の通り具合だったのだ。こうした気づきや学びがあるから、人生は面白い。

話を戻そう。朝がめっぽう早かった築地と違い、玉栄商店では午前中から昼くらいまでは配達、午後は明日の分の仕込みという、普通の時間帯の仕事だった。

同世代の同僚が多かったから、山登りやハイキングを楽しんだり、開園間もない横浜ドリームランドに遊びに行ったりした。

暇さえあれば遊びたい年頃ではあったが、2階の寮から見える平沼高校の生徒を見てもうらやましいとは思わなかった。寮のすぐ前にプールがあり、夏には女子高生の水着姿も目に入った。横浜西口の繁華街も近かったが、ネオンに誘われて出歩くことはまったくなかった。そちらの方面ではまだまだ子どもだった。

玉栄商店でも伏仲と同じように社員旅行があり、十数人で日光・鬼怒川へ行った。翌年は京都で、京都御所や西陣を訪ねたが、この頃は社員旅行があるのが当たり前だった。景気が良かったのも確かだが、個人旅行はまだ敷居が高く、若い社員にとっては、年に1度の社員旅行が大きな楽しみの一つだった。

「良かったらうちで働いてみない？」

そう声を掛けられたのは、玉栄商店で働き始めて1年半余りが過ぎた1967（昭和

玉栄商店の同僚たちと筆者（左）＝1966年3月

42）年の年明けのことである。声の主は横浜中央卸売市場本場内の「つま清商店」のおかみさん、高橋恵美子さんだった。ご主人の隆さんと一緒につま清を切り盛りし、魚屋相手に「つま」を売っていた。

卵焼き屋、すし屋、魚屋、つまもの屋という食のネットワークの中で、私の働きぶりが高橋夫妻の目に留まったらしい。

すでに卵焼きを極めた気になっていた私は両親や兄に相談し、つま清にお世話になることにした。といっても、あまり深く考えたわけではなく、「それもいいかな」というくらいの軽い気持ちだった。

つま正の原点つま清で修行

卵焼き屋からつまもの屋への転職を決めた私は、その相談や報告を兼ねて新潟県松代町（現十日町市）の実家に帰省した。

ちょうど18歳の誕生日を迎え、普通自動車の運転免許を取るという目的もあった。短期間に自動車が普及し、もう軽自動車だけの運転免許では役に立たないと感じていたからだ。

新潟県運転免許試験場の上越支所（上越市）に行くと、大型免許も普通免許も受験料が同じだったので、迷わず大型の実技試験に挑戦した。すでに軽自動車の免許を持っていたので、ペーパーは構造の試験だけだったと思う。

幸いにも一発で合格し、大型免許を取得した私は横浜に戻り、心機一転、1967（昭和42）年6月から「つま清」で働き始めた。

それまでは社員寮の大部屋暮らしだったが、篠原町（横浜市港北区）にあったつま清の高橋家に住み込むことになり、4畳半一間を与えられた。

当時のつま清は高橋夫婦と長女の婿の3人で切り盛りしていた。そのため、同世代の同僚が何人もいた玉栄商店と異なり、すぐ責任のある仕事を任せられるようになった。その点では中身の濃い、良い転職だったと思っている。

私は高橋家の4人の娘と年が近かったため、息子のようにかわいがられた。私も自然に「おとうさん」「おかあさん」と呼ぶようになったため、市場の人の中には実の親子だと思っていた人も多い。

誰もが知っている「刺し身のつま」は白髪大根だろうが、実は大葉、紅たで、穂しそ、菊の花、ぼうふう、わさびなど、扱う商品は実に幅広い。そして取引先はほとんどが魚屋だ。

まちなかの魚屋さんといえば、ショーケースに鮮魚を並べているイメージを思い浮かべる人も多いだろう。しかしかつては仕出し料理屋を兼ねている店が多かった。結婚式や法事を自宅で催すのが当たり前だったからだ。そうした宴席料理だけでなく、建前や上棟式などで出される「祝折り詰」も、仕出し料理を請け負う魚屋が取り仕切っていた。

そこでつまもの屋は、仕出し料理に添える刺し身のつまはもちろん、折り詰に入れる竹の子の亀、長芋の鶴、やつがしらなどをそれぞれ加工して納品するのである。

「竹の子で亀を作る」と言うのは簡単だが、細工が細かいだけに、どんな達人でも1時間に20個作れれば良い方だ。それが結婚式ともなれば100個、200個の単位で注文が入るのだから、下準備だけでも目が回るような忙しさに

つま清の高橋一家と筆者（前列左）＝1968年9月

なる。

魚屋はさらにだて巻き、煮物、練り切りやようかんなどを仕入れて折り詰を仕上げていく。かつては結婚式の引き出物として、尾頭付きの焼き鯛《たい》や折り詰の豪華さが競われたが、中身は近年のおせちセットと似たようなものだった。

そうした業務用食品のノウハウが今日のつま正を支えており、その原点は私が18歳で働き始めたつま清で学んだものである。

本格的に書道を習う

横浜市中央卸売市場のつまもの屋のつま清で働き始めた私は、それまで持ったこともない包丁を手に、大根のかつらむきから習い始めた。それを重ねて千切りにして、つまの白髪大根（ケン）を作るためだ。

笑い話のようだが、白髪大根の値段は当時も今もほとんど変わらない。それだけ当時はもうかっていたのである。

つま清は小規模ながら業績は良く、給料は安かったが、毎年、お年玉を大いに弾んでくれた。高橋家の4人の娘はそろって日本舞踊を習い、発表会や浴衣ざらえなどに参加していたから、それなりにお金をかけていたのだろうと思う。

そうした高橋家の家風もあってか、「まーちゃん」と呼ばれてかわいがられていた私は、思いがけず高橋家と付き合いのあった尾崎静谷先生について書道を学ぶことになった。卵焼き屋の2年間は普通の人と同じ生活パターンだったが、つまもの屋は市場仕事だから朝が早い。築地での経験はわずか半年にすぎないから、市場で働くための体内時計はこの時期に形づくられたといえるだろう。

真夜中から働くこともある代わりに、朝の10時には仕事が終わっている。これといってやることもなく、昼間ブラブラしているのは良くないと思われたのかもしれない。最初は言われるままに、仲手原（横浜市港北区）にある静谷先生の家に通った。篠原町の高橋家から歩いて行ける距離だった。

書道のどこに魅せられたのか自分でもよく分からないが、静谷先生の手ほどきが良かったのだろう、どんどん書道が面白くなり、静谷先生の勧めで「墨心書道展」などに出展するようになった。しばらく精進を続けた結果、１９７０（昭和45）年2月、尾崎先生から「静軒」の号を頂いた。

最近は筆を持つ機会がなかったが、「わが人生」の連載にあたってタイトルと名前を揮《き》

旅行先の伊豆北川温泉で尾崎静谷先生の揮毫を見る筆者（右）＝1975年

毫《ごう》することになり、久しぶりに墨をすった。半紙の前に座って筆を握ると、かつての感覚がよみがえった。そして何枚も書き直すうちに習い始めた頃の気持ちを思い出し、何とも不思議な感動を覚えた。

書道だけでなく、同じ時期に小原流の華道も習い始めた。こちらは名を頂くまでに至らなかったが、わが家でお正月のお花を生けるのは、ずっと私の役目になっている。

そういえば私がつま清で働き始めた67（昭和42）年、故郷の松代でもちょっとした変化があった。

同年4月、桐谷小中学校の通学区で私たちが「向こう桐山」と呼んでいた中魚沼郡川西町の桐山地区が川西町から分離され、東頸城《ひがしくびき》郡《ぐん》松代町《まつだいまち》に編入されることになったのだ。

7月にはそれまで別々の町だった2つの桐山が合併し、改めて松代町桐山となった。住民の実生活を反映した境界変更であり、その頃、桐山区長を務めていた父の正近はじめ、住民は大いに喜んだ。

考えてみれば、そんな不合理な郡境や村境が、いつ、どうしてできたのか。何とも不可解だが、今となっては知るすべがない。

調理師の免許を取得

横浜市中央卸売市場は横浜市神奈川区山内町に1931(昭和6)年に開設された。水産物や青果、鶏肉、鶏卵などを主に取り扱っており、牛肉や豚肉は59(昭和34)年に開設された横浜市中央卸売市場食肉市場(鶴見区)を通して供給されている。

中央市場のある一帯は山内埠頭《ふとう》、山内地区と呼ばれていて、私がつまもの屋のつま清で働き始めた頃は、貨物の専用引き込み線が敷かれていた。水産物卸売場の南側や青果部卸売場に線路が敷設され、ミカンの木箱などが鉄道で運ばれてきたことを覚えている。

まだ横浜市営電車も走っていたが、移動手段はもっぱら車だったため、いつの間にかなくなったという記憶しかない。何しろ市場の仕事は朝が早く、時には深夜から働き始める。

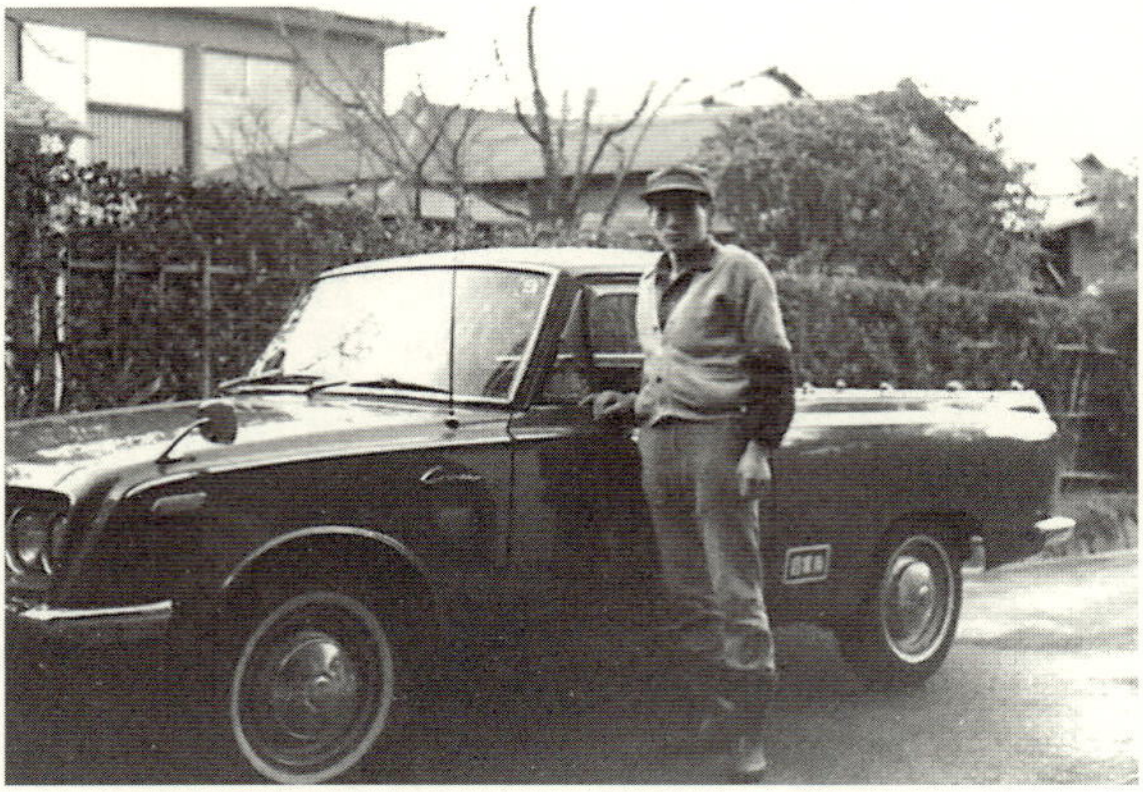

つま清の配達用の車と筆者＝1970年ごろ

公共交通機関は動いておらず、車がないと何もできない。

つまもの屋の仕事は水を使うことも多く、冬場は足元に火鉢を置いても前掛けが凍るほど寒かった。

決して楽ではないが、仕事を覚える楽しさが勝り、自分なりに充実した日々を送っていた。18歳でつま清に転職し、成人式をはさんで22歳になるころまでは、住まいと市場の往復でほとんど1日が終わったが、そういうものだと思っていた。書道と華道の稽古は続けていたが、それ以外では年に何度かの社員旅行、親睦旅行などが楽しみで、そういえば70（昭和45）年に開かれた大阪万博も見物に出掛けた。

そんな中で一つの転機となったのは、72（昭和47）年7月に調理師免許を取得したことである。当時、関内にあった居酒屋「鳥の巣」で料理長をしていた南雲喜代治さんに勧められたことがきっかけだった。

南雲さんはつま清のお客さんの一人で、新潟県六日町（現南魚沼市）の出身だった。同郷の親近感もあり、つまものを配達したついでに料理の下準備を手伝うことがあった。それで調理師免許を取っておけば、何かと都合が良いだろうとアドバイスされたのである。

調理師は日本独自の国家資格で、調理師法に基づき都道府県知事が調理師試験を実施する。とはいえ、資格を持っていない人でも業務として調理をすることは可能で、「食品衛生責任者」の資格があれば、飲食店を開くこともできる。

そのため調理師は、その資格を持つ人しか当該業務を行うことができない医師や看護師のような「業務独占資格」とは異なり、「名称独占資格」といわれる。栄養士や保育士なども同じだが、その資格を持つ人しか名乗ってはいけない資格というわけだ。

当時の私は飲食業に興味があったわけではない。ただ調理師免許を持っていれば、食品や栄養、衛生についての知識があることの証明になり、つまものを扱う仕事をしていく上で、何かの役に立つのではないかと考えたのである。

それが後々、公益社団法人日本調理師会、一般社団法人神奈川県調理師連合会などの活動につながるとは、当時は思いもしなかった。

1人暮らしを始める

つま清で働き始めて4年ほどたったころ、横浜市が新たに「南部市場」を開設することになった。場所は金沢区の鳥浜町で、当時は東洋最大の近代的市場という触れ込みだった。業績が好調だったつま清の高橋隆・恵美子夫妻は南部市場に支店を出すことに意欲的で、そこを私に任せようという話が持ち上がったのだ。ところが話が進むうちに二転三転し、結局は長女夫婦が任されることになった。

私はまだ23歳と若く、1店舗の責任者は荷が重かったかもしれない。ただ、調理師免許も取り、つまもの商売でやっていこうという気持ちが強かったので、その気になった途端にはしごを外されたという後味の悪さが残った。

それでこのころから漠然とではあるが、将来のことを考えるようになったのだと思う。すぐに何か行動を起こしたわけではないが、それから間もなく私は家族同然に暮らしていた高橋家を出る決心をした。

その時、私の背中を押してくれたのは、神奈川会館のレストランの料理長をしていた水谷三郎さんである。

神奈川会館はかつて、第1京浜（国道15号）から横浜市中央卸売市場に入る道の角にあった立派な洋館である。1929（昭和4）年、関東大震災の復興事業の一つとして神奈川公園が造成されたとき、地元の青木町が町有財産を処分して建設し、その後、横浜市に寄付したものだという。

お世話になった水谷三郎さん（左）と筆者（右）で修善寺に旅行＝1974年

それが神奈川公園の北隅で、ヨーロッパの古城のような鉄筋コンクリート3階（一部4階）建ての威容を誇っていた。戦後、米軍に接収された後の改修が不十分で、内装が傷んだ箇所もあちこち見受けられたが、それがかえってレトロな雰囲気を漂わせていた。

1階がロビーとレストラン、2階が講堂、3階が会議室、4階が小ホールで、市民の集会場として地元に愛され、中央卸売市場の総会にもよく使われた。こうした施設には珍しく、1階のレストランは民間業者に貸し出して運営しており、その責任者兼料理長が水谷さんだった。水谷さんはつま清の顧客であり、私の担当だったのである。

「会館食堂」と呼ばれていたレストランは建物の風格にふさわしく、銀製のナイフなどをそろえていた。結婚披露宴もよく行われ、私の中では、ホテルニューグランドか、神奈川会館か、という格付けだった。

水谷さんは神奈川会館のレストランのほか、大学の学生寮の食堂などの運営も手掛けていた。そのため神大寺（神奈川区）に部下の料理人を住まわせる寮を持っていたのだが、間もなく学生寮の食堂から手を引くことになった。

「今度神大寺の寮が空くからそこへ入るかい？」

そう私に声を掛けてくれたのである。こうして私は高橋家を離れ、生まれて初めての1人暮らしをスタートさせた。

残念ながら老朽化が進んだ神奈川会館は83（昭和58）年に取り壊されてしまったが、館内を彩っていたステンドグラスは、現在も神奈川公園内の幸ケ谷集会所や神奈川図書館（神奈川区立町）で見ることができる。

創業場所の店舗確保に奔走

横浜市神大寺（神奈川区）で1人暮らしを始めた私はそのままつま清で働き続けながら、いつかは独立しようという意思を徐々に固めていった。

いつ独立するか、時期を決めていたわけではなかったが、安い給料の中からある程度の自己資金を貯めるにはそれなりの時間がかかった。そのころの私には、銀行から借りるという発想が全くなかったからだ。

そうこうするうちに、私は27歳になっていた。独立資金は潤沢ではないが、あれやこれやとぜいたくを言わなければ何とかなる。問題は新規の開店場所で、横浜市中央卸売市場から近いことが絶対に譲れない条件だった。

師走に入って数日後、いつものように配達を済ませて市場に戻る途中、見慣れているはずの倉庫にふと目が留まった。今のつま正の本社ビルのすぐ近く、高低差のある2本の道路に挟まれたごく狭い場所だ。

「この倉庫は半分空いているんじゃないだろうか…」

調べてみると、持ち主は横浜海産の社長の長峯良斎さんだった。立ち止まって見ているうちに「ここが良さそう」から「ここが良い」になり、「ここしかない」と思えてくるか

筆者（右）をライオンズクラブに誘ってくれた長峯良斎さん＝1989年

ら不思議なものだ。

「思い立ったらすぐ動く」のが私の信条で、それは当時も今も変わらない。それからというもの、毎日のように港北区岸根町にあった長峯さんの自宅に通い、夜の帰宅を待って頭を下げ続けた。

「栄町の倉庫の半分をぜひ私に貸してください」

長峯さんは海軍飛行予科練習生（予科練）出身の特攻隊の生き残りで、長身で迫力のある人だった。特攻隊での壮絶な体験をつづった『死にゆく二十歳の真情』（読売新聞社）という著書があり、「必ず他人の、多くの場合は上官の手を経て行くことを知っており、そこに『死にたくはないのだが…』などとは書けない」と、特攻隊員の遺書について記している。

特攻隊という過酷な体験により､人の真意を言葉で表すむなしさ､難しさを若くして知ってしまった長峯さんにとって、私のような戦争を知らない世代の言葉は軽く聞こえたのかもしれない。年を重ねた今の私ならば、長峯さんの心情をおもんばかることもできるが、当時は頑固一徹な人としか思えなかった。

「お前には貸さないよ」

どんなに頼んでもなかなか首を縦に振らない。現代ならプレゼン資料や経営計画書を持参して説得するのが筋だが、当時の私にできるのは、ただただ愚直に、ひたすら頭を下げることだけだった。

退路を断つため、1976（昭和51）年の年末、18歳から9年半勤めたつま清を辞める決心をした。長峯さんに私の不退転の覚悟を知ってもらいたいという意味もあった。こうなればもう背水の陣である。

それでも長峯さんはかたくなだった。ようやく色よい返事をもらえたのは、通い始めてからおよそ3カ月、77（昭和52）年の2月の終わりごろだった。私のあまりのしつこさに根負けしたのだろうが、後年、私のライフワークとなるライオンズクラブの活動に導いてくれたのもまた、長峯さんだった。

独立して「つま正」を開店

1977（昭和52）年2月、独立後の仕事場となる倉庫をようやく借りることができた私はすぐ開店準備に取りかかった。

いずれ独立するつもりであることを故郷の両親や兄夫婦に伝えたのはその数年前、横浜市中央卸売市場の南部市場に出す、つま清の支店を任される話が立ち消えになってしばらくしたころだった。

それから間もなくオイルショックが起きたため、父も兄も「こんな時期に独立することはないだろう」と心配してくれた。

「何も今すぐというつもりではないよ。ただ、いずれは独立する」

オイルショックの影響で、74（昭和49）年の経済成長率は戦後初めてマイナスに転じ、日本の高度経済成長時代は終わりを告げた。私の独立はその余波がどうやら収まりつつあった時期だが、今度はロッキード事件が世間をにぎわせていた。田中角栄前首相が76（昭和51）年7月27日に逮捕されたからだ。

新潟県における「角さん人気」は絶大なものがあった。当時、角さんの逮捕を許可した稲葉修法務大臣は旧新潟2区選出で、田中内閣で文部大臣を務めたこともあった。そのため、地元では悪役扱いで散々な言われようだった。

角さんは新潟県刈羽郡二田村（現柏崎市）の生まれで、選挙区は旧新潟3区。私の故郷の松代町（現十日町市）は旧新潟4区だが、隣接する高柳町（現柏崎市）は旧新潟3区だ。そのため、松代から高柳町へ下る道路は早くから立派に整備され、地元では「角栄道路」と呼ばれるものの一つである。

私の母校の桐谷小中学校に電話を引いてくれたのも角さんだった。前に書いたように、私の母校は松代、高柳、川西の3町の組合立だったため、高柳町が選挙区に含まれていた角さんが父母らの嘆願を聞き、便宜を図ってくれたらしい。しかもこれが、桐山という集落内に引かれた最初の電話だった。

1977年の創業から84年までここを拠点に営業

私が開店場所となる倉庫を借りるため、長峯良斎さんの家に日参していた77（昭和52）年1月27日、田中前首相に対する公判が始まり、世間はその成り行きに大いに注目していた。私も角さんに親しみを感じていたが、独立を企図した瀬戸際で、それどころではなかった、というのが正直なところだ。

長峯さんから倉庫を借りる了解を得たのが2月の終わり。名前は正武にちなんで「つま正」に決めた。

オープンは私の28歳の誕生日である3月8日。親戚の吉野統君がしばらく手伝ってくれることになり、たった2人でのスタートとなった。吉野君はそのころ大学生で、春休みを利用して働いてくれたのだ。

4月からはいとこで桐山小中学校の2年後輩の寺崎武文君（現つま正専務）が来てくれた。卵焼き屋の玉栄で一時期ともに働いた後、別の店に移っていたが、私の独立を機に一緒にやることになったのである。

それからというもの、横浜市中央卸売市場の中の魚屋さんやすし屋を自転車で回る営業を根気よく続けた。裸一貫、ゼロからのスタートだったが、やる気だけは誰にも負けない自信があった。

生命保険の営業で好成績

1977（昭和52）年3月につま正を創業した私は、毎日営業に精を出した。当時はつまもの屋の顧客の中心となる魚屋さんの数も多く、勢いがあったため、規模が小さいなりに仕事は順調に伸びていった。

忙しい毎日ではあるが、市場の仕事は朝が格段に早いため、日中は手持ちぶさたに時間が余ることがある。ある日、倉庫の仕事場で居残り仕事をしていると、日本生命の勧誘員がふらりと入って来た。

「いい保険があるんですがどうですか」

「今はそれどころじゃないよ。うちみたいな所で油を売っていないで他を当たれよ」

そんなやりとりをしているうちに、言葉足らずによる思わぬ行き違いがあったらしく、勧誘員が突然声を荒らげてこう言った。

「そんなに言うなら、あなたも生保の営業をやってみなさいよ！」

こうなると、後は売り言葉に買い言葉。そんなひょんな成り行きで、私は日本生命の保険勧誘員として働くことになってしまった。六角橋（神奈川区）にあった支店で保険商品

八丈島旅行を楽しむ右から筆者、南雲喜代治さん、寺崎武文・現つま正専務＝1978年1月

の基礎的なことを一通り教わり、すぐに勧誘に出ることになったのだ。

保険の知識はまったくなかったが、仕組みを聞いた段階で営業方針は決めていた。掛け金が月に数千円の保険には見向きもせず、もっと高額の保険商品のみを扱うことにしたのだ。だいたい掛け金が月数万円、死亡保険金が1億円クラスの商品で、勧誘対象を弁護士、医者などの高額所得者に絞った。

これが大当たりして営業成績はどんどん伸びた。本業である市場の仕事への配慮から、朝礼や終礼に出ることは免除され、直行・直帰の営業が許されたのだ。

それまで市場仕事一筋だったから、保険の勧誘の仕事は新鮮だった。飛び込み営業で、これまで縁がなかった仕事をしている人と話していると、世界が広がっていくように感じられた。かれこれ3年ばかり続けられたのは、そんな魅力があったからだと思う。

時間的には副業、アルバイト程度だったが、結果的に創業期の運営資金を補うだけでなく、余暇にも十分に回すことができた。70年代後半のアルバムを見ると、私はあきれるほどあちこちに旅行に出掛けている。

あのころの若者の夢はいい車を持つことだった。私もご多聞に漏れず、20代半ばで日産のサニークーペを買い、それからトヨタのカリーナ、フォルクスワーゲンのシロッコと乗り換えていった。早くに運転免許を取ったこともあり、車も運転も大好きだった。

マイカーでのドライブ旅行だけでなく、日の丸観光などが主催するバス旅行にもよく参加した。

オイルショック後、省エネや節約ムードが高まり、レジャーは不要不急といわれたこともあった。それが一段落して個人旅行が増えた時期でもあった。

近い所では東京巡りや高尾山、奥多摩、一足伸ばして伊豆の修善寺まではひとっ走りだ。愛知県の明治村や犬山城にも行った。バス旅行ではかなり遠方へも行き、秋吉台、松下村塾や松陰神社、錦帯橋、倉敷、宮島など、名のある観光地を次々と巡った。

生涯の伴侶と出会う

つま正を創業した1977（昭和52）年は、駆け足のように過ぎ去っていった。小さいながらも「一国一城の主」となり、来る日も来る日も無我夢中で働いたからだ。

私はつま清時代に多くの顧客を担当していたが、独立後にそれらを引き継ぐわけにはいかない。のれん分けならともかく、元いた店の顧客を了解もなく勧誘すれば、明らかにルール違反とみなされる。

ただ、神奈川会館の水谷三郎さんのように、顧客の方が私との取引継続を望んだ場合は、そうした商慣習を超えてこちらに理があるといえるだろう。そして水谷さん以外にも私が独立したことを知り、応援してくれる人が次々と現れた。

表向きは円満退社でも、独立後の営業を巡ってもめるケースはいつの時代にもあるが、その点、つま正は大きなトラブルもなく、思った以上に順調に滑り出すことができていた。

さらなる飛躍を期す78（昭和53）年の正月休み、私は年長の友人である南雲喜代治さん、つま正で共に働く寺崎武文君と3人で八丈島旅行に出掛けた。創業から約10カ月、脇目もふらずに働いた骨休めと、自分たちへのボーナスのつもりで、行きは船、帰りは飛行機を奮発した。

思い返せばこの八丈島旅行は、私にとって生涯忘れられないものとなった。その後の長い人生を共に過ごすことになる塩野谷万美と出会ったからである。そのせいだろうか、初めての船での長旅のことも、初めて乗った飛行機のことも、そして出会いのきっかけすらほとんど覚えていない。

八丈島旅行で知り合った筆者（右）と妻となる塩野谷万美（中央）＝1978年1月

栃木県真岡市出身の万美は23歳で、都内の証券会社でOLをしていた。そして私と同じく正月休みを利用し、同僚の原田（現石川）洋子さんと2人で八丈島旅行に来ていた。話しているうちに、川崎市内の社員寮から都内へ通勤していることが分かった。

さて、それからというもの、お互い相手のどこにひかれ合ったのか、ぴったりくる言葉が見つからない。いわゆる運命の赤い糸で結ばれていたのだろうか。デートらしいデートをした覚えもないし、ちゃんとしたプロポーズもしなかったような気がする。

それでも私たちは、ほとんど時を置かずに結婚を決意した。そして出会ってからわずか4カ月足らず、ゴールデンウイーク直前の4月28日の金曜日に挙式することを決めた。つま正の仕事をできるだけ休まないようにするためである。

双方の身内にとっても突然の結婚話だった。しかし私が3月で29歳になることもあり、両親や親族にとっては驚きよりも、安堵《あんど》の方が大きかったようだ。

「そうか、良かったな」

父はそう言っただけだったが、母は心から喜んでくれていたはずだ。母ひとり子ひとりの万美の母にとっても、娘の結婚は願ってもない慶事だった。

驚いたのはむしろ、私をよく知る先輩や友人たちだったかもしれない。私は照れ隠しもあって、冷やかされるたびに「押しかけ女房なんだよ」と答えていた。

スピード婚で新生活スタート

1978（昭和53）年、私は八丈島旅行で出会ったばかりの塩野谷万美と結婚することを決意した。そこまでは気持ちの高まりだけで進めたが、何かと大変だったのはその先。

婚姻届1枚で済ませるわけにもいかず、いろいろやらなければならないことが思った以上に山積していたからだ。

だから、というわけではないが、4月28日の挙式までほとんど日にちがないこともあり、私たちは結納を交わすこともなく、仲人も立てなかった。

私は6人兄弟の四男。実質的には次男坊でとっくに実家を出ていたし、商売の上でも身軽な個人事業主で、堅苦しく形式ばる必要もなかった。ただ、招待状の差出人は現代のように新郎新婦ではなく、両家の親の名義となった。結婚は家と家との結び付きという考えが、まだ根強い時代だったからだ。

結婚式場はつま正の顧客だった磯子（磯子区）の料亭・磯子園にお願いした。かつて名の知れた料亭が軒を連ねた磯子の老舗のひとつである。

海外挙式や教会結婚式が人気になりはじめていた時期だったから、時間さえあればそうした選択肢もあったかもしれない。でも私たちは流行に乗るより、みんなに認められる結婚をして、新しい生活を始めることを優先させた。

招待状の発送もギリギリのタイミング。しかもゴールデンウイークの直前だ。それにもかかわらず誰もが快く出席し、祝福してくれたことが何よりもうれしかった。

出会って４カ月足らずで挙式。右から筆者の父、母、新婦万美、筆者、万美の母＝1978年4月28日

結婚式は午後1時に始まり、その後に写真撮影、披露宴というスケジュールで進んだ。

披露宴は金屏風《びょうぶ》を背にして着席した新郎新婦の前に、招待客の膳が4列に並ぶ、料亭の宴席らしいセッティングだった。最近の丸テーブルを散らした形より、席順を決めるのに気を遣う必要があるが、気が置けない出席者ばかりで問題はなかった。

式次第が進み、私も万美もお色直しで和装からタキシードとウエディングドレスに着替えさせられた。この日ばかりは何をするにも誰かに言われるまま、「まな板の上の鯉」とはこういう気分なのかもしれない。

披露宴を終えた私たちは出席者に見送られ、そのまま羽田空港に向かい、２泊３日の予定で沖縄へ飛び立った。挙式当日が金曜日だったため、２泊で戻れば月曜日の５月１日からつま正に出られるからだ。

それまで全国各地へ旅行していたが、沖縄へ行くのはこれが初めてだった。当時の沖縄は返還から6年。ちょうど車両が左側通行に切り替えられる直前だった。チャンスがあれば運転もしてみたいと内心では思っていた。それが沖縄に着いたとたん、私は珍しく高熱を出し、最悪の体調のまま、観光地を巡るのが精いっぱいだった。

出会いから挙式まで4カ月足らず、スピード結婚に突っ走る中で目に見えない疲れがたまり、さらに挙式の緊張感から一挙に解放されたせいだったかもしれない。

そんな状況でも笑顔を絶やさない万美が頼もしく、「いい嫁さんをもらった」と心から思った

3人の子に恵まれる

新婚生活は、私がつま清時代から暮らしていた神大寺（神奈川区）で始まった。神奈川会館の水谷三郎さんが所有していた料理人向けの社員寮の2階で、当時はまだ1階に鈴木さん、平屋の別棟に田母神さんという人が住んでいた。

実はこの場所こそ、後に株式会社つま正の本社登記地になる場所である。

三男正治（前列）の七五三を祝う。後列左から万美、筆者、次男正篤、長男正和

「こういう仕事をしていれば、いずれ担保が必要な時が来るだろうから」

もともとの所有者だった水谷さんがそう言って、相場に比べれば格安で、しかも金利なしの延べ払いで譲ってくれたからだ。

破格の好条件でも、支払いを終えるまでには何年も要した。それでも身ひとつで新潟から出てきた私が、30歳そこそこで横浜市内に不動産を持てたことは、水谷さんの言う通り、後々大いに役に立った。その意味では水谷さんは、初期のつま正の基盤を築いてくれた恩人のひとりである。

万美がつま正の事務仕事を手伝ってくれる中、私たちは結婚した翌年の1979（昭和54）年に長男正和、翌80（昭和55）年に次男正篤に恵まれた。さらに5年後の85（昭和60）年に三男正治が誕生している。

第一子の長男には「一」と音が通じ平和を意味する「和」。

次男は政財界に多くの信奉者がいた思想家・安岡正篤にちなんで「篤」。三男は家内が平和に治まるという願いを込めて「治」。

3人ともそれぞれ意味を考え、私が字を選んだのだが、実は正和、正篤は私と誕生日が同じで、3人とも3月8日。この話をするとたいてい驚かれるが、2人とも出産予定日から少々遅れて偶然同じ日になった。

誕生日が同じだからお祝いは1回で済むが、子どもからすればバースデーケーキを食べる機会が減り、損をしたような気持ちになったこともあったらしい。

一方、妻の万美は5月26日生まれである。三男の予定日が5月末だと分かった時は、内心では同じ日に生まれることを期待したようだ。ところが3人目も出産が遅れ、病院の都合で日曜日に当たる26日を待たず、24日の金曜日に帝王切開で正治を出産せざるを得なかった。それでもわずか2日違いである。

正和が生まれて父になった79(昭和54)年、当時としては世界最長、2万2221メートルの大清水トンネルが完成した。このトンネルを通る上越新幹線が開業するのは3年後の82(昭和57)年だが、本州を横断する新幹線のおかげで、首都圏から日本海側への往来はずいぶん便利になった。

ところが79（昭和54）年には、イラン革命をきっかけに第2次オイルショックが起き、深夜番組の放送自粛やガソリンスタンドの日曜休業などの対策が講じられた。

結果的に、私は人生の大きなライフイベントであるつま正創業、結婚、長子誕生を二つのオイルショックのはざまで経験することになった。

商売にとって重要な景気循環のどん底を避けられたのだから、運が良かったと思う。しかも日本は第1次オイルショックで多くを学んでいた。2度目の影響は1度目に比べれば限られたもので、つま正の業績が大きく落ち込むことはなかった。

新たな取引先を開拓

私が万美と結婚した1978（昭和53）年、横浜市の人口は272万人を超え、大阪市を抜いて全国2位となった。運河を埋め立てた上に大通り公園が造られ、日本初の多目的スタジアムとなる横浜スタジアムが完成した。老朽化のため取り壊された神奈川会館に替わり、神奈川公会堂が開館したのもこの年だった。

幸いつま正の業績は順調に伸びていたが、私はある変化を感じていた。最大の顧客である魚屋さんから、徐々に活気が失われていったのだ。魚の購入先が魚屋さんからスーパーマーケットに変わったこと、ホテルでの結婚式や専業の結婚式場が増え、仕出し料理の仕事が減ったことなどが主な原因だろうと思う。

中には魚新（瀬谷区）の主人の新倉高明さんのように、料理屋を手掛けるやり手もいた。新倉さんは私が調理師免許を持っていることを知り、調理師会に入るよう勧めてくれた人でもある。

勧められるままに取得した調理師資格は、料理人ではない私には使う機会もなく、それまではただ「持っている」だけだった。調理師会に入会すれば「衛生知識や食に関する知識を深める機会が増える」という誘い文句はともかく、この人が勧めることなら間違いがない、という気持ちで入会を決めた。

厚生労働大臣表彰を受ける那須和相さん（前から２列目右から４人目）を祝う筆者（前列右）＝1998年3月31日

その一方、魚屋の先細りはつまもの屋にとっても人ごとではない。深刻な死活問題であるにもかかわらず、自分ではどうにもできないというもどかしさがあった。

そんな中に一筋の光明が差した。80（昭和55）年4月23日、山下公園前、横浜マリンタワーの隣に7階建てのメルパルク横浜（現ホテルメルパルク横浜、中区山下町）がオープンしたのだ。

メルパルクは日本郵政公社（当時）が、郵便貯金の普及・宣伝活動を行うために全国各地に設置した福利厚生施設である。財団法人郵便貯金振興会館が運営していたため、「郵便貯金会館」とも呼ばれていた。

私にとって幸運だったのは、横浜市中央卸売市場の鈴木啓介郵便局長と懇意にしていたことである。鈴木局長の紹介で、メルパルク横浜の開業当初から、館内に設けられた宴会場やレストランの出入り業者になることができたのだ。

それが縁となり、那須和相和食料理長、勢津栄興中国料理長、平林総支配人、尾形用度課長や篠塚主任らに大変お世話になった。取引先が魚屋以外に広がったことで、つま正の業績は安定し、従業員も次第に増えていった。

メルパルク横浜は結婚式場としても人気が高かった。ある大安吉日には1日18組の挙式が集中して料理の準備が間に合わず、納品に行った私もクルマエビの下ごしらえを手伝うことになった。

活きのよいエビはピチピチ跳ねるので、氷水につけて仮死状態にする。それから1匹ずつ、頭の先と尾にある固いトゲに注意しながら処理していく。つまもの屋のやることではないが、それも仕事と思いどんなことでも一生懸命にやった。そうした頑張りを周囲が認めてくれて、そのおかげで物事が良い方向に転がっていった

創業5年目に法人化

つま正は1980（昭和55）年に開業したメルパルク横浜の出入り業者になれたことがきっかとなり、少しずつ取引先を広げていった。それは、これまでの魚屋を中心とした業態から抜け出し、単なるつまもの屋から、業務用野菜の配達サービスへの転換を目指すことでもあった。

顧客が多様化し、売り上げが増えれば、それに比例して事務量や働く人も増える。そこで周囲の勧めもあり、専門家に相談しながら法人化することにした。その過程で私が最も苦労したのは、個人資産と会社資産を分けることである。

それまでは私の財布が会社の金庫でもあり、家庭と会社は一体だった。ところが「法人」

横浜で暮らし始めた父（前列右から２人目）と母（中央）とともに芦ノ湖を訪れた筆者（左）＝1983年1月24日

となるとそうはいかない。入るお金も、出て行くお金も、自分の中では終始一貫、きちんと整理されているのに、書類に落とせば丼勘定と見られてしまう。本来の仕事の傍ら、伴治男税理士のアドバイスを受けつつひとつひとつクリアしていく作業が続き、いつまでも終わらないのではないかと思ったほどだ。

とはいえ、今となっては一過性の「産みの苦しみ」だったと思える。いったん分けてしまえばスッキリとふに落ち、会社という新たな器に愛着が生まれたからだ。

81（昭和56）年４月、資本金４８０万円の株式会社つま正が誕生したのと同じころ、高校を卒業し、名古屋で働いていた弟の雅教（現つま正常務）がつま正に加わることになった。

ところが入社して間もなく、雅教の妻が幼い子ども二人を残し急逝するという不幸に見舞われた。そこで、故郷の松代の農家を長男の征一夫婦に任せていた両親を、急遽横浜に呼び寄せ、神大寺（神奈川区）の同じ敷地内で暮らしてもらうことにした。

そのころ、父の正近は73歳、母のチヨは67歳。長年の農業で鍛えた体力があるので、幼い孫たちの面倒をみてもらえるという期待もあった。

また、妻の万美は働き者で、他の人なら見過ごしてしまうところまでよく目が行き届く。結婚直後からつま正の事務を見ており、法人化直後のつま正にはなくてはならない働き手だった。そこで私たち共稼ぎ夫婦の子育ても、まだまだ元気な両親にサポートしてもらうことにしたのである。

法人化の際、もうひとつハードルが高くて苦労したのが社会保険への加入だ。いわゆる健康保険と厚生年金保険である。

私はそれまで「神奈川県食品衛生国民健康保険」と「国民年金」に加入していたから、別な制度に入り直すことになる。それは良いのだが、株式会社として厚生年金の適用事業所になると、従業員の保険料の半分を会社が負担しなければならない。「制度だから」と言われてしまえばそれまでだが、気持ちの上ではどうにも納得がいかなかった。

労使折半を社員から見れば、「保険料の半分を会社が払う」ということだ。ところが会社から見れば、社員が払う半分も給料からの天引きだから、元は会社のお金である。単純比較でいえば、法人化により新たな費目の出費が増えたのだから、「労使折半ではなく、全額会社が払っている」と声を大にして言いたい気持ちだった。

社会保険の重要さはよく分かっているが、果たして本当に公平な制度なのだろうかという疑問を今も感じることがある。

効率化のためにファクスを導入

横浜港大さん橋から山下公園へ続く海岸通り沿いに建つメルパルク横浜（現ホテルメルパルク横浜）は、今は両隣が横浜マリンタワーと人形の家。目の前は山下公園で、中華街や港の見える丘公園など、横浜の観光名所が至近距離にある。

１９８０（昭和55）年にオープンすると、そのロケーションや眺望の良さから、当時ブームになりつつあったホテル・ウエディングの需要を取り込み、宴会場やレストランは大繁盛を続けた。創業間もないつま正にとって、メルパルク横浜の納入業者になれたことは本当に幸運だった。

そして現場の信頼や期待に応えるべく、真摯に仕事を続けていると、和食や中華の料理長の要望に応じる形で、野菜以外の調達や納品も頼まれるようになった。たとえば、ある祝賀会の樽酒《たるざけ》が手違いで届かず、「何とかしてくれ」と泣きつかれ、そうした注文に誠実に応えたことで、取引量がさらに増えるという好循環が生まれていった。

調理師会の旅行で伊豆戸田温泉を訪れた筆者（前列右）とメルパルク横浜の勢津栄興中国料理長（筆者の右後ろ）＝1994年3月

ところが、過ぎたるは及ばざるがごとし。何事も行き過ぎればどこかに軋轢《あつれき》が生じるもので、つま正からの納入量の多さを問題にする動きが表面化した。取引先が1社に偏るのはよくない、という声が出始めたのだ。

そこで野菜とそれ以外とを分けるため、82（昭和57）年1月、神奈川魚類株式会社（現中央物産株式会社）を設立した。野菜はつま正から、それ以外を神奈川魚類から納入すれば、批判をかわせるというアドバイスを受けてのことだった。

実質的には名義上の分社化にすぎない。最

大の目的は取引量を維持し、さらに増やすことだったが、それまでは頼まれるまま、なし崩しに増えてきた業務内容を整理し、責任の所在や成果を明確にすることになり、結果として大幅なコスト削減につながるというメリットもあった。

つまものはただでさえ種類が多い。それを業務用野菜にまで広げたため、数量、加工の仕方、産地の指定など、注文内容はどんどん複雑になっていった。昔ながらのご用聞きスタイルや電話注文で受けていてはとても追い付かない。

うっかり間違えるとつま正の信用を落とすだけでなく、せっかくの結婚式や祝宴を台無しにしかねない。実際のところ、最盛期には挙式数が多くて、披露宴の開始時間が遅れるというトラブルは日常茶飯事だった。

複雑化する注文を正確に受けるため、何か良い方法はないかと思案していたところ、メルパルク横浜がファクシミリ（ファクス）を導入した。品名や数量を記入した注文伝票をメルパルク側から送信してもらえば、こちらが納品内容を間違うことはない。

まだ1台で300万円を超える高額製品だったが、新し物好きの私はすぐに導入を決めた。その後、メルパルクと同じ郵政省の関連施設の逓信会館（現コンチネンタル横浜）にも商品を納入するようになり、費用対効果は十分にあった。

とはいえ、何年もしないうちに10万円を切るファクスが続々と登場したのには驚いた。まさに情報機器の進化や盛衰は十年一昔。それに対してつまものは十年一日、昔と同じものを同じ値段で売っている……。

本社ビルを新築移転

つま正の創業時の店舗は横浜市中央卸売市場に近いことを最優先し、借りるまで水道の有無さえ確かめていなかった。幸運にも市場へ水道を引く本管が目の前で、すぐに引くことができたが、若さと勢いだけで始めたようなものだった。

創業から6年が過ぎ、業績が伸びるにつれ、空き倉庫の半分のスペースでは手狭になり、移転を考えるようになった。仲卸業者として市場内に入れるのが一番だが、新参者には敷居が高く空きもない。

するとある日、栄町と市場のある山内町との間の運河を背にした橋のたもとの一軒が空き家であることに気がついた。創業地の倉庫からは目と鼻の先で、これ以上の好立地はない。現在はつま正グループのガトーよこはまの店舗になっている場所である。

そこは鮮魚仲卸業の「森滝」を営む岡田実さんのかつての住居だった。少し前に斎藤分町（神奈川区）に新たに住まいを構えたため、空いていたのだ。さっそく自宅を訪ねると、先代の奥さんの岡田寿子さんが応対してくれた。

「つま正の小山です。今の場所が手狭になって移転先を探しています。どうか空いているお宅のある土地を私に売ってください」

幸い寿子さんは快く売却に応じてくれた。そこで古い木造の家を取り壊し、新たに鉄筋3階建てのビルを建てることにした。

施工は寺崎武文専務の親戚の紹介で、関根建築株式会社にお願いした。設計、整地から地鎮祭、棟上げ、竣工まで半年以上を要し、待望の本社ビルが完成したのは１９８４（昭和59）年６月のことである。

仕事の合間にあわただしく引っ越しを済ませた7月のある日、新しい社屋内で仕事をしていると、見知らぬ２人連れが入ってきた。それが神奈川銀行の営業マンの原田孝さんと緑川治さんだった。

新しい看板と建物を見つけ、会社の値踏みがてらの飛び込み訪問だったのだろうと思う。そのせいか、話は自然と自社ビル建築の経緯に及んだ。

「これを建てたのは全額自己資金です。借り入れは一切していません」

それまでの売り上げをタンス預金にしていたわけではない。郵便局や銀行に預け入れはしていたが、何かのために「借りる」という発想が、私にはこの時点でもまったくなかったからだ。

それを聞いた二人はたいそう驚いた様子だった。

「よろしければ、御社の決算書を拝見させていただけませんか」

「ああ、かまわないよ」

1984年竣工の旧つま正本社ビル。現在はガトーよこはまのショップになっている。

熱心に決算内容を見ていた彼らは感心した面持ちでこう言った。

「こんなに経営内容のいい会社は、当行では他にありません。ぜひお取引をさせてください」

そう言われても、これまで全て自己資金でやってきた私には、お金を借りても使い道がない。結果的には勧められるままに、借入金で京急線の神奈川新町駅近くのマンションを購入した。それが広めのワンルームで、今も現役の社員寮として使っているのだから、良い買い物をしたと思う。

これがきっかけで長きにわたる神奈川銀行との取引が始まった。その後、取引銀行はいくつも増えたけれど、借入額が一番多いのは神奈川銀行である。

妻の退職は一大打撃

私は神奈川銀行から借りたお金の使い道に悩み、ワンルームマンションを購入して社員寮として使い始めた。すると1年もしないうちに、管理組合の理事長をやってほしいと頼まれた。1985（昭和60）年の春のことである。

26室ほどの規模だが、購入者がまた貸ししている部屋が多く、理事長になり手がいないという理由だった。ならば、と引き受けて現在に至るが、仲卸業の仕事に関係のない役職に就いたのはこれが初めてだった。

同じころ、もともと気管支が弱かった父の正近が体調を崩し、家族の懸命な看護のかいなく4月2日に亡くなった。77歳だった。横浜へ来て4年、孫たちの面倒をよく見てくれたおじいちゃんがいなくなり、家族の落胆は大きかった。
父の葬儀に身重で参列していた万美は、それから50日余り後の5月24日、三男正治を産んだ。

３人の息子とともに常磐ハワイアンセンター（現スパリゾートハワイアンズ）に家族旅行＝1986年1月

「まるでおじいちゃんの生まれ変わりのようだね」

父・正近を失った喪失感を埋める三男・正治の誕生。それは本当に命のバトンが祖父から孫へと引き継がれたかのように思える出来事だった。私は３人の男の子の父親になったという喜びと責任の重さをかみしめながら、つま正のさらなる発展を心に誓った。

ところが思いがけず大きな誤算があった。私からすれば、つま正のこれまでの歩みの中で最大級の危機といってもよい。というのも結婚以来、会社の実務を見てきた万美が専業主婦になったからだ。

家内工業のような会社ならどこもそうだと思うが、社長の妻は社員の何人分も働いてくれる。万美もそれまで、やんちゃで手のかかる2人の男の子の面倒を見ながら、主婦業と会社の事務仕事を両立させてきた。

しかし、子育てのサポート役でもあった父が亡くなった今、高齢の母・チヨひとりに5人の幼い孫の世話を任せっぱなしにはできない。そう考えて話し合った末の決断だったが、当時の私にとって、いや、つま正にとって、万美の不在は想像以上に痛手だった。

法人化する時も大変な思いをしたが、事務手続きの煩雑さは一過性で済む。社会保険への加入も、財務上の問題と割り切ることができた。しかし、有能な人ひとりの穴を埋めるのは一朝一夕にはいかない。小さい会社であればあるほど、人の代えは利かないものだ。

つま正を引っ張ってきたのは自分だと思っていた私は、常に私を支えてくれる妻や寺崎専務、小山常務の存在を改めて意識するようになった。

学問としての企業経営を学んでいない私はそうした試行錯誤を重ねながら、私なりに会社のあり方や事業の進め方を、ひとつずつ学んできた。いや、そうするしかなかった。

会社の歩みにおいて、万美の退職は避けては通れない転機だったが、悪いことばかりではない。正直なところ、男と女では金銭感覚が違うところがあり、男にとっては有用な使い道でも、女にとっては無駄遣いにしか思えないというケースがままある。その点では、手厳しい万美の目がなくなったことで、「有用な無駄遣い」が伸び伸びできるようになったような気はしている。

塩嘗地蔵の御利益

息子が3人になった私は、家の建て替えを考えるようになった。三男の正治が生まれた時、長男の正和は小学校1年生で、次男の正篤は保育園の年長組。それぞれに子ども部屋を造ってやりたいと思ったからだ。

実行に移したのは1986(昭和61)年1月で、まず古い建物を取り壊した。それから設計や施工法にこだわり、当時としては珍しい鉄骨造りにしたため、基礎工事に結構な時間がかかった。

そのため、竣工までの1年2カ月あまり、自宅からバス通りをはさんだ神大寺4丁目でアパート暮らしをすることになった。

当時、三男の正治は誕生直後に涙の通り道がふさがれ、涙をためる袋に炎症が起こる涙《るい》

子どもの病気平癒に感謝し、筆者が建て替えた塩嘗地蔵
＝1987（昭和62）年の落成式当時の様子

嚢炎《のうえん》と診断されて、治療を続けていた。多量の目やにが出て目が開かなくなり、見るからに痛々しかった。医者の言うとおり、点眼や洗眼を施しても、なかなか効果が現れない。

親にとってももどかしい状態が続いていたところ、ある日、仮住まいのアパートの近くにある塩嘗《しおなめ》地蔵に塩をお供えすれば、いろいろな病気平癒の御利益があると教えてもらった。

妻の万美はわらにもすがる思いで塩をお供えし、正治の涙嚢炎が治るようにお参りを続けた。すると次の治療のために病院を訪れた日、世にも不思議なことが起こった。

「いったいどこで手術をされたのですか。切開した痕があってきれいに治っていますよ」

寝耳に水とはこのことだろう。本当にそれまでの苦労がうそのように、正治の涙嚢炎は完治したのだ。

「こんなことが本当にあるのか…」

狐につままれたような思いで、六角橋から片倉・小机に抜ける八王子往還の脇道にある塩嘗地蔵にお礼参りに行くと、住宅街の斜面にへばり付ように建つ小さな祠《ほこら》は荒れ果てていた。4体の石地蔵はお供えの塩に侵食されて、ほとんど元の形を留めていない。

「正治の目を治してくれたお地蔵様だ。これは何とかしなければ…」

そう思って調べると、塩嘗地蔵のある土地は、近くの農家の所有であることが分かった。私はすぐにその農家を訪ね、子どもの目の病気が治ったことを説明し、祠を建て替えることに同意してもらった。そして長く塩嘗地蔵を信仰し、守ってきた土地の人々からもご報謝を募った。

運の良いことに、つま正の本社ビルの新築や家の建て替えを依頼した関根建築に腕のいい宮大工の技術者がいて、元の様式を踏まえつつ、銅ぶき屋根の祠を造ってくれた。私は塩ですり減った階段も作り直し、ご報謝をくださった人々の芳名を板に書き記して祠の中に飾った。そして赤地に黒字で「塩嘗地蔵尊」と染め抜いた幕を作り、今も毎年、新しいものに掛け替えている。

神奈川区のホームページ中にある「かなかな物語」には、「昭和62年頃、近くに住んでいた人の子どもが病気になり祈願したところ、治ったため、その人が中心になって、祠を建て替えたり、階段を直したりしました」と書いてある。どうやらこれは私たち一家のことのようだ。

集荷力を高めて顧客獲得

横浜市中央卸売市場に隣接する臨海部の整備事業が「みなとみらい21」と名付けられたのは１９８０年代初めのことである。

80年代半ばには三菱重工業横浜造船所が移転し、帆船日本丸の一般公開が始まった。85（昭和60）年9月30日にオープンしたそごう横浜店（横浜新都市ビル）は東洋一の売り場面積を誇り、「横浜が生んだ、世界最大級の百貨店」というキャッチフレーズで大きな話題を呼んだ。

開場から半世紀余りを経た中央卸売市場も、80年代半ば以降に水産棟、青果棟、関連棟、管理庁舎、センタービルなどの再整備が行われ、配送センターや発泡スチロール処理施設が新たに作られた。

「ネコ」と呼ばれる台車は今も健在だが、海産物の運搬が木のトロ箱や木樽《たる》から発泡スチロール製の箱に変わったため、処理施設が不可欠になったのだ。そのほか、超低温冷凍庫施設や青果部低温卸売場など、最新の温度管理技術を導入した施設も徐々に整備されていった。

つま正創業10周年を迎えた筆者は端午の節句を子どもたちと祝う＝1987年5月

このころ、つま正では従来のつまものに加え、業務用の促成野菜、中国野菜、西洋野菜、フルーツ、珍味類、よせもの、瓶・缶詰、海産物、スモークチキンなどを幅広く取り扱うようになり、品質管理が重要な課題となっていた。

そこで、本社1階の集荷場に大型のエアコンを設置し、作業中の温度を常に一定に保てるように工夫した。商品ごとに4基の冷蔵庫を使い分け、細菌の増殖防止や殺菌に効果がある温蔵庫も導入した。さらに鮮度を保持するため、特殊加工したポリ袋を使用するなど、品質管理には徹底的にこだわった。

そうした努力の甲斐もあって、主な取引先は横浜市内の和食料理店やレストランのほか、メルパルク横浜、横浜国際ホテル、新横浜フジビューホテル、ホテルサンポート、新横浜ホテルなどへと広がっていた。

こうした顧客の増加は、求められる商品の多様化を招く。そうした中でさらなる信頼を得るため、他の業者が尻込みするような希少商品の求めにも積極的に応じながら、集荷力を高めていった。特にメロンは旬を把握して産地を次々と替えながら大量に取り扱い、流通量が激減する冬場には、同業者が求めに来ることも珍しくなかった。

その一方、取引先の求めに応じて商品を加工するため、経験のあるスタッフが調理師と同じ包丁を使い、調理師並みの仕事を施した商品を提供した。5台のデリバリー車だけでは間に合わなくなり、赤帽車と契約して迅速な配達を心掛けた。

そうした努力の結果、つま正はバブルが始まって間もない87（昭和62）年3月、右肩上がりの業績の中で創業10周年を迎えた。

「過ぎてしまえばあっという間の10年であり、まだ10年でしかない。しかし私ひとりの10年ではなく、お客さまがいてこそ、従業員がいてこその10年である」

そう思った私は無我夢中だった創業期を温かく見守ってくれた方々を招き、ささやかな祝宴を催して心からの感謝の気持ちを伝えた。

第三章　奉仕　ライオンズクラブ活動で地域貢献

ライオンズクラブの活動に充実感

1988（昭和63）年2月26日、39歳になる直前の私に一つの転機が訪れた。つま正の創業場所となった倉庫を貸してくれた長峯良斎さんに誘われて、横浜金港ライオンズクラブ（LC）に入会したのである。金港とは神奈川区の町名で、もともとは横浜港のことである。

長峯さんは横浜金港ライオンズクラブの第1期会長で、一時は50人を超えた会員が30人そこそこまで減ったことに危機感を抱いていた。

バブル景気の中、社会奉仕活動に関心を持つ人が多くいるかというとそうでもなく、正直なところ、私も「ライオンズクラブ」について、それまで何も知らなかった。それが30年経った今もライオンズクラブの活動に力を注いでいるのだから、よほど性に合っていたのだと思う。

ライオンズクラブと同じように社会奉仕活動を行う国際的な団体として、ロータリークラブがある。関係者以外にはその違いは分かりにくいのではないだろうか。

一般的に、ロータリークラブは職域や個人で社会奉仕活動を行うのに対し、ライオンズクラブはチームワークを発揮して地域社会に奉仕することを目的としている、と説明されている。

とはいえ、実際の活動内容は個々のクラブによって違い、一概にくくることはできないが、私としてはライオンズクラブの方が地域意識が高く、青少年育成に貢献するなど、地域での認知度も高いと感じている。

横浜金港ライオンズクラブに入会した筆者（前列右）と、筆者を誘った長峯良斎さん（前列左）＝1988年10月

また、原則としてライオンズクラブの例会は夜間に月2回であるのに対し、ロータリークラブは毎週昼間に行われている。

日本国内には現在3000を超えるライオンズクラブがあり、約11万人の会員がいる。横浜金港ライオンズクラブは330B地区の1リジョンの1ゾーンに属しているが、この点についてはちょっと説明が必要だろう。

330複合地区には、A地区（東京都）、B地区（神奈川県・山梨県・伊豆大島）、C地区（埼玉県）という区割りがあり、それぞれにリジョン、さらにゾーンに分割されている。

このうちのB地区には13のリジョンがあり、金港ライオンズクラブは1リジョンの1ゾーン、後に私が立ち上げた横浜中央市場ライオンズクラブは1リジョンの3ゾーンに属している。このことからも地域密着度の高さが分かるというものだ。

右も左も分からないままライオンズクラブに飛び込んだ私だったが、すぐに地域の人の役に立つ奉仕活動を自ら考え、実行するという充実感に、本業の仲卸業の仕事とは別の喜びを感じるようになった。

つまもの屋としても利益追求一辺倒ではなく、お客さまのため、その先にいる消費者のために、という気持ちは強い。しかし献血、骨髄バンクのドナー登録、盲導犬育成基金の募金活動、清掃など、確実に誰かの役に立てる活動はやっていて気持ちが良くすがすがしいものである。

朝が早い市場仕事はだいたい昼前に終わる。午後は比較的自由に動ける私は、入会2年目に会計、4年目に会長を務める傍ら、会員増強にまい進した。

調理師会の活動を通じて視野拡大

私が調理師免許を取ったのは1972（昭和47）年7月、23歳の時だった。魚新（瀬谷区）の主人・新倉高明さんに誘われ、社団法人日本調理師会神奈川県支部（当時）に加入したのはしばらくしてからである。

調理師会では、食品衛生や食中毒、調理技術の研究や向上に関する講習会への参加、産地見学、各種食品加工の工程や日本酒の蔵元の視察などを通して見聞を広げた。各地の有名料理旅館に泊まって板長の話を聞いたり、郷土料理の継承者を訪ねたり、台湾や香港へ足を延ばして、本場の中華料理の技術や材料について学んだこともある。

その結果、調理師会を通じて食文化や食の安全などについての情報が入りやすくなり、それまでよりも広い視野で「食」を取り巻く状況を捉えられるようになったと思う。

一方でそうしたメリットとは別に、調理師会に加入したことで思いがけない栄誉に浴する機会を得た。89（平成元）年2月に調理業務について神奈川県知事表彰、6月に調理技術の向上に努めたことにより社団法人（当時）日本調理師会会長表彰、7月に調理師制度への貢献により横浜市長表彰を頂いたのだ。

こうした表彰は、調理師会の事業として推薦を得た上で行われるもので、94（平成6）年には会の発展に尽くした功績により、社団法人日本調理師会会長表彰を頂いた。

すでに気付かれた方もいるだろうが、日本国内には調理師や料理人に関係する団体がい

日本調理師会神奈川県支部の視察旅行で四万温泉を訪ねた筆者（右）と同会の原田三郎会長（右から３人目）＝1994年8月5日

くつも存在するが、58（昭和33）年に調理師法が施行されて以後、最初にできた業界団体は65（昭和40）年に発足した全国調理師連絡協議会である。それが67（昭和42）年に厚生大臣（当時）認定の社団法人日本調理師会となり、２０１２（平成24）年に公益社団法人日本調理師会となった。

一方、神奈川県内にはかつて、和食、中華、洋食などのジャンル別も含め、複数の調理師会があり、例えば、メルパルク横浜の中国料理長だった勢津栄興さんは、神奈川県中日調理師会に所属していた。

ところが複数の業界団体が併存したため、例えば役所の通達をどこに出せばいいのか紛らわしいなどの混乱が生じていた。そこで神奈川県食品衛生課の指導により、１９９５（平成７）年４月、日本調理師会神奈川県支部（現神奈川日調会）、神奈川県調理師会、神奈川県全調理師協会（現神奈川県全調理師研究会）、全日本司厨士協会神奈川県本部（後に脱退）の4団体により、社団法人神奈川県調理師連合会が設立された。初代会長には「食糧新聞」の編集発行人で、業界の事情に通じていた原田三郎さんが選ばれた。

私はこの社団法人神奈川県調理師連合会の活動を通じて95（平成7）年に同会の会長表彰、2000（平成12）年に厚生大臣表彰を頂いた。そして14（平成26）年から同会の会長を務めるとともに、上部団体にあたる公益社団法人日本調理師会の理事、18（平成30）年6月からは副会長を務めている。

国内にはほかにも全国日本調理技能士連合会や全日本司厨士協会（西洋料理）、日本中国料理協会（中国料理）などが存在する。それは日本の食文化の豊かさの象徴でもある。

子どもらには背中を見せる

つま正とホテル事業者の取引は、1980（昭和55）年にオープンしたメルパルク横浜（現ホテルメルパルク横浜）から始まった。つま正はそのノウハウを生かして取引先を徐々に増やし、92（平成4）年には新たに開業した新横浜プリンスホテル（港北区）の納入業者になることができた。80年代から大規模リゾートやシティーホテルを展開してきた西武グループの運営で、円柱形の外観が特徴的な地上42階建ての高層ホテルである。「プリンスホテル」は旧東伏見宮別邸を改装した横浜プリンス会館（後に横浜プリンスホテル）などを擁する老舗ブランドである。本来ならつま正のような新参業者が入る余地はほとんどないが、新横浜プリンスホテルには900を超える客室と大中小の宴会場が設けられていた。神奈川県内屈指の大規模ホテルであることから、つま正にも食い込む余地が生まれたのだ。

国内外に展開するプリンスホテルは関連する業者会の活動も活発で、私も誘われてゴルフを始めた。横浜カントリークラブ（横浜市保土ケ谷区）やベルビュー長尾ゴルフ倶楽部（静岡県御殿場市）などの会員権を購入したが、今は名義の書き換え料を負担に感じている。

プリンスホテルや国際ホテルの業者会が催す旅行は家族を同伴できることが多く、80年代後半以後はハワイや台湾など、海外に出掛ける機会も何度もあった。

オーストラリアの国内線に乗っていたとき、客室乗務員が近寄ってきた。

「お子様とご一緒にこちらにどうぞ」

案内されるまま付いていくと、コックピットの中に入れてくれた。とても驚いたし、目の前の光景や計器類に興奮したが、残念なことに子どもたちは全く覚えていないという。

子どもたちが小さいころは日曜日の配達がなかったので、家族でドライブ旅行によく出掛けた。近場では横浜ドリームランドや向ケ丘遊園、83（昭和58）年に開園したばかりの東京ディズニーランドにも何度か行った。

横浜親和会（プリンスホテルの業者会）の研修旅行でハワイのモロキニ島を訪れた筆者と三男正治＝1995年9月30日

数日の休みが取れれば、飛行機で北海道や九州へ、船で伊豆大島へ、新幹線で東北や関西へ、思いつくまま連れて行った。子どもたちは「どこかへ行きたい」と思う暇もなかっただろう。

私自身が旅行好きということもあるが、熱海の後楽園、福島の常磐ハワイアンセンターなど、独身時代に比べれば、家族連れ、子ども連れにふさわしい場所を選ぶようになった。

冬にはスキーも楽しんだが、本格的な海水浴に連れていったことはない。というのも、私は「川にはカッパがいるから近づくな」と言われて育った。故郷の谷川には所々に深い淵や速い流れがあり、危険だったからだ。そのため、せいぜい臨海学校で柏崎の海水浴場に行ったくらいで、川にも海にもなじみがない。

私は常々、子どもたちに「親の背中を見せる」ことを意識してきたが、海だけは別だ。親の都合で外海を知らなくても、子どもたちは市民プールで満足し、大磯ロングビーチに連れて行けば大はしゃぎだった

落下事故で生命の危機

28歳で創業したつま正の業績はバブル景気に踊らされることなく、その前後を通じて順調に伸びていった。一生懸命やっていれば、誰かが見ていてくれる、頑張っていれば必ず報われるという信念で働き続けてきたおかげだと思う。

その一方、私自身は健康に問題を抱えていた。創業からしばらくしたころから、夕方になると熱が出る症状が続いていたのである。時には背中や腰の痛み、筋肉痛などが起きることもあったが、ちょっとした疲労だと考えてやり過ごしていた。

ところがいっこうに症状は改善しない。さすがにこれはおかしいと思い、1981（昭和56）年に横浜市立市民病院で診察を受けたところ、気管支炎または気管支拡張症など、

気管支の疾患が疑われた。

医師の勧めで6月から半月ほど入院して小康状態になったが、8月末に再発したため、今度は花園橋病院に1カ月入院した。入院治療といっても点滴主体の投薬が中心で、退院時にも完治という感覚はないままだった。

それでも一連の治療が効いたらしく、しばらくは落ち着いていたが、84（昭和59）年に同じような症状がぶり返した。今度は牧野記念病院を受診したが、期待するほどには症状が改善しないまま、5年にわたり断続的に通院を続けた。

外科的なけがなら完治のめども立つが、いつ治るとも分からない闘病生活は苦しいものである。それを知ったメルパルク横浜の関係者から横浜逓信病院（現済生会東神奈川リハビリテーション病院）を受診するよう勧められた。

半信半疑で診察を受けると、ウイルスの感染による炎症だと診断された。原因となったウイルスの種類は覚えていないが、特定のウイルス性疾患に効く薬の種類は限られているため、それまでの投薬では目立った効果が得られなかったらしい。

この診断が付いたおかげで私は完治したが、ひとつ思い当たることがあった。

私が84（昭和59）年に再発して間もなく、同じように気管支に疾患を抱えていた父の正

日本赤十字社への寄付により紺綬褒章を受章した筆者＝1992年8月

近が体調を崩し、治療のかいもなく亡くなったことだ。

「もし、あのころの父が私と同じウイルスに感染していたとすれば…、今なら助かったかもしれないなぁ…」

そんな疑念は残ったが、私は長く悩まされ続けた病気からようやく解放された。ところが好事魔多し、91（平成3）年、つま正社内の大型冷蔵庫の上に作り付けた中2階と階段をつなぐ狭い通路から落下してしまった。靴を履き替えようとしてバランスを崩したのだ。すぐに救急車で済生会神奈川県病院に搬送され、2週間の安静を余儀なくされた。

近くで見ていた従業員の話では「ふわっと落ちた」という。

たまたま置いてあった一斗缶の上に落ちたため、脊椎の圧迫骨折で済んだが、少しずれていたらコンクリートの階段に激突し、命も危うかったかもしれない。

幸い、医師も驚くほど回復は早かった。

病室でひとりになり、ベッドにじっとしたまま天井を見上げていると、それまでの人生があれこれと思い出され、「いま私は生かされている」という気持ちがふつふつと湧き起こってきた。私はその感謝の思いを日本赤十字社に５００万円を寄付するという形で表すことにした。それが92（平成４）年８月の紺綬褒章の受章となったのである。

子らの成長を見守る

私と万美は３人の息子に恵まれた。長男の正和が生まれたのは私の30歳の誕生日で、次男正篤は翌年の同日に生まれている。

当時は共働きで、私の両親が面倒を見てくれたが、幼い男の子２人の相手はなかなか大変である。そこで正和は３歳から桐畑保育園、４歳からやまゆり幼稚園に、正篤は３歳から神大寺保育園に通わせた。

年子だから、同じ園へ通わせた方が親にも負担がかからない。ところがその年の募集がなかったり、入園希望者が多くて入れなかったりで、待機児童にはならずに済んだが、思うようにはいかなかった。

家族そろって軽井沢でスキーを楽しむ＝1995年1月2日

正篤の５年後に生まれた三男の正治は神大寺幼稚園に通い、小学校は３人とも神大寺小学校に通った。そういえば上の２人が小学生のころ、つま正に事務処理用のパソコンを導入した。私はその便利さに感激し、何人もの知人に販売会社を紹介した。すると、その謝礼としてＡ２判（Ａ４２枚分）まで印刷できる大型プリンターを贈られた。今ならともかく、当時は使い道がなかったので神大寺小学校に寄付してたいそう喜ばれた。

　そんなことがあって間もなく、正篤が神大寺小学校６年生のとき、国会見学に出掛けたバスの中で悪ふざけをしたせいで、同級生にけがをさせてしまった。

　私はすぐにその子と両親を訪ねて謝罪したが、その後、引率に責任を負うべき担任が車中で居眠りをしていたことが分かり、何だか黙っていられなくなって学校に厳重抗議した。

「教師が車中でしっかり子どもたちを見ていれば、けがをさせてしまう前に止めることができたはずだ。監督不行き届きだ」

その後、正和と正篤は武相中学校・高等学校（横浜市港北区）へ、正治は六角橋中学校から横浜商科大学高等学校（横浜市旭区）へ進んだ。

私は戸籍上、6人兄弟の四男だが3人が早死にしたため、実質的には3人兄弟の次男として育った。自分たちも三者三様だが、子どもたちの性格もそれぞれ異なり、正和と正治は我が強くて行動的、正篤はおおらかで寛容だ。また、上の2人は書道やそろばんを習ったが、5歳違いの正治はお絵かき教室に通った。そのあたりに年代の差が現れているのかもしれない。

正和は小学校でソフトボールと水泳、中学校で陸上競技をやっていた。好奇心が旺盛ですぐチャレンジする行動派だが、飽きっぽいところがある。

正篤は保育園で水泳、小学校でソフトボールを始めて、中学校ではバレーボール部。この中では水泳が性に合っていたらしく、セントラルスイムクラブ横浜に20代の半ばまでずっと通い続けていた。

正治は幼時からサッカーを、中学校でバドミントンをやる一方、小学校1年生から和道流櫻空横浜本部道場の神大寺支部で空手を始めた。その大会の応援に出掛けたとき、他チームの団旗を見かけた私は寄付を申し出た。それからは関係者のリクエスト通り、桜花の中央に鉄拳を染め抜いた団旗が、大会に出場する支部のシンボルとなった。

減る八百屋さんを支援

30歳で父親になった私にとって、子どもたちがまだ幼かった30代は、仕事の面でも家庭においても毎日が全力疾走だった。3人の子に恵まれる一方、つま正の法人化、メルパルク横浜との取引開始、本社ビルの建設、自宅の新築などが相次いだからだ。

そして40歳になった1989(平成元)年には横浜市政100周年、開港130周年を記念する横浜博覧会が半年間にわたって開かれ、1330万人を超える入場者を集めた。同年に横浜アリーナ、横浜美術館、横浜ベイブリッジなどが完成し、横浜市内の観光入り込み客数は4000万人を超えた。

ところがその後は2000万人台に落ち込み、再び4000万人台を回復したのは2007(平成19)年である。集客という視点から見た横浜のバブル景気の頂点は1989(平成元)年だったのかもしれない。

それでも、みなとみらい21地区では、パシフィコ横浜（横浜国際平和会議場）、ヨコハマグランドインターコンチネンタルホテル、横浜ランドマークタワーなどの大規模集客施設のオープンが相次ぎ、その恩恵に浴した横浜市内の飲食業界には活気があった。

浜新興青果商業協同組合の第３回料理教室に視察に来た中田宏衆議院議員（当時）と筆者＝1994年2月27日

景気動向に業績を左右されやすい中央卸売市場の業者も例外ではなく、毎夜のように台町（神奈川区）の料亭街に繰り出し、お座敷遊びに興じる者もいた。

私もそうした場所と無縁ではないが、たまに行くから楽しいのであって、のめり込んでしまってはいけない。「芸者の膝枕が一番」だと豪語しながら足繁く通い、今はつぶれてしまった業者を何人も知っている。

子どもたちも中学生になると、部活や友人同士の付き合いを優先するようになっていった。家族そろって旅行に出掛ける機会が減った代わりに社外での仕事が増え、たとえば92（平成4）年5月には横浜新興青果商業協同組合の理事になった。「新興」といっても横浜市中央卸売市場の青果部が47（昭和22）年10月に設立した老舗組合で、現在は横浜市内を中心に約160の青果店が加入している。

後継者難や大型スーパーの台頭により、「まちの八百屋さん」が減っていると感じた私は93（平成5）年5月から野菜を使った料理教室の開催を始めた。3年ごとに行われる横浜市の統計調査で、「野菜・果実」の小売店が直近9年で3割も減ったことが分かったからだ。

営業時間の長さや珍しい野菜の仕入れでは大型店にかなわないが、八百屋には専門知識がある。そこで調理法も含め、知識を生かした温かい触れ合いを売ろうと考えたのだ。「八百屋さんが販売する野菜の料理を習い、お客さまに献立を提案することで、消費者に利用しやすい八百屋を目指そう」

調理師会の人脈で講師を依頼し、材料となる野菜やメニューを決め、手作りのテキストを準備した料理教室への関心は高く、旧神奈川1区で初当選した中田宏衆議院議員も視察に訪れた。モノを並べれば売れる時代は終わり、売る側の意識を変えなければいけない時代になっていた。

交換青年受け入れも

１９８８（昭和63）年２月、39歳で横浜金港ライオンズクラブに入会した私は、90（平成２）年７月から常盤信一会長の下で会計を務めた。クラブの任期は７月から翌年６月までなので、まだ入会４期目だった。

すると６期目の92（平成３）年７月からの１年間、会長の大任を任されることになった。横浜八景島シーパラダイス（金沢区）がオープンし、サッカーのＪリーグが発足した直後のことである。

会長の務めは幅広いが、主たる任務は奉仕活動の拡大、会員増強、運営力の向上に集約される。横浜金港ライオンズクラブは私が会長だった１年間に会員を16人増やし、地区大賞の金賞を受賞するなどの実績を残すことができた。

ライオンズクラブでは奉仕活動を「アクティビティ」と呼び、献血、献眼（角膜提供）、献臓（腎臓提供）の「三献運動」や骨髄バンクへのドナー登録など時代のニーズに合ったさまざまなアクティビティを展開している。

横浜金港クラブの会長時代では、同クラブが属する３３０Ｂ地区（神奈川・山梨・伊豆大島）の地区合同アクティビティとして、91（平成３）年６月に起こった雲仙普賢岳噴火の被災地に、災害対策広報車両を２台贈ったことが記憶に残っている。

クラブ会長を経験した後は３３０B地区の役職に就くことが増え、94（平成６）年には地区YE（現YCE）委員、９５年７月からは地区アクティビティ委員を務めた。

ライオンズクラブの交換青年ブライアン（後列右から２人目）を迎えた小山家＝1994年7月20日

YE（ユース・エクスチェンジ＝青少年交換）は、16歳から21歳までの青少年が他国の家庭にホームステイするプログラムのことで、受け入れや派遣をサポートする。わが家でも米国青年のブライアン、台湾国籍でオーストラリアから来たジェニファー、タイ出身のヌー、そして台北出身のカリーナの４人を次々と受け入れた。

滞在期間はだいたい彼らの夏休み期間で、２週間から６週間程度。そう長くはないが、個室を用意して食事の世話をし、外出をフォローするなど、家族ぐるみの理解がないとなかなか受け入れは難しい。

初めてやって来たブライアンに対し、私には「アメリカ人はパンとステーキ、それに牛乳」という先入観があったが、実際には鶏肉とジャガイモ料理が彼の口に合ったようだ。中には帰国したきり音信不通の者もいるが、ジェニファーとの交流は長く続き、今でも思い出したように遊びにやってくる。

97（平成9）年7月からは地区副幹事、地区資格審査委員長を務めたが、この「副幹事」としての経験が後々の活動に大いに役立つことになった。というのも幹事とはクラブが所属する地区や国際協会とクラブとの連絡係で、その実務を担うのが副幹事だからだ。

330B地区には13人の副幹事がいるが、つま正はキャビネット（運営本部）のある相生町（中区）に近く、しかも私は午前10時以後は比較的自由に動ける。その分、人より多くの業務を任されるようになり、さまざまな経験を積むことができたのである。

ライオンズクラブ活動で実績を積む

ライオンズクラブの国際協会は、クラブを管理する「地区」という単位で運営されている。日本には現在330から337まで8つの地区があり、いずれも地区内に2人以上のガバナーを擁する「複合地区」となっている。ちなみにガバナーとは、地区において国際協会を代表し、地区運営にあたる責任者である。

具体的に言うと、私が属する330地区はA・B・Cの準地区を持つ複合地区で、神奈川県は山梨県、伊豆大島とともにB地区を構成している。そして330地区にはA・B・Cそれぞれに地区ガバナーがいる。

330B地区は13のリジョンに分かれ、一つのリジョンはさらに複数のゾーンに分かれている。つまり、下からゾーン、リジョン、準地区、地区という階層構造になっていて、地区ガバナーには、リジョンやゾーンの運営責任者（チェアパーソン）を任命する権利が与えられている。

私は横浜金港ライオンズクラブに加入して12期目となった1998（平成10）年7月、1リジョン・1ゾーンのチェアパーソンに任命された。すなわち横浜金港ライオンズクラブを含む4つのクラブ（当時）の運営責任者である。

この年は2月に長野冬季オリンピックがあり、スキージャンプのラージヒル団体で金メダルなど日本選手が大活躍した。6月にはサッカーのワールドカップのフランス大会に日本が初出場するなど、明るい話題が続いたが、その一方で97（平成9）年4月から消費税が3％から5％に引き上げられ、中小事業者には厳しい状況となっていた。

チェアパーソンに就任して間もない8月、松坂大輔投手を擁する横浜高校が甲子園大会で春夏連覇を成し遂げた。その熱気と余韻が残る中、日本赤十字社関係のイベントで、神奈川県立平塚ろう学校（平塚市）の生徒による和太鼓の演奏を聴く機会があった。

ライオンズクラブとして県立平塚ろう学校へ和太鼓を寄贈した筆者（左から2人目）＝1999年5月18日

力強い和太鼓の響きを聴いて、音の聞こえにくい子どもたちの熱演に感動した私は、新たな和太鼓を贈ることを思い立ち、それを1リジョン・1ゾーンのアクティビティ（奉仕活動）として実行することにした。
どうしたら和太鼓を手に入れられるのか、誰に頼めばいいのか、まったくあてはなかったが、思いつくまま心当たりを探すうちに、地区のライオンズクラブのメンバーに和太鼓の製作業者がいることが分かり、相談すると快く引き受けてくれた。参加者の層が厚く、横のつながりの強いライオンズクラブならではの組織力が生きたアクティビティだったと思う。平塚ろう学校の関係者にもたいそう喜ばれ、その後も何度か県民ホールなどで素晴らしい演奏を聴かせていただいている。

ライオンズクラブではその後も会員の増強に務めたが、330B地区の総会員数は90年代初頭をピークに減り続け、97（平成9）年からは毎年300～400人というペースで激減していた。

その中で横浜金港ライオンズクラブを含む1ゾーンはほぼ現状維持か微増を保ち、国際会長アワードリーダーシップ賞、国際会長会員増強金賞、国際会長感謝状などを頂いた。

法人会を通じて社会貢献

1991（平成3）年の春先、神大寺にあった株式会社若林工務店の若林由美社長に声を掛けられた。会社同士が近いので顔を知ってはいたが、業種も違い、仕事上の付き合いはない。いったい何だろうと思ったら、神奈川法人会への勧誘だった。

法人会とは47（昭和22）年、法人税が賦課課税制度から申告納税制度に移行したとき、納税者が帳簿の整備や税知識に普及を図るために自発的に設置したものである。単位法人会（単位会）、県連合会（県連）、全国法人会総連合（全法連）という三層構造となっており、全国では現在、約４４０の単位法人会が活動している。

神奈川県法人会連合会（県連）は51（昭和26）年、税務署の管轄地域ごとに18の単位会で設立され、２０１４（平成26）年に一般社団法人の認定を取得した。その下部団体である単位会は、現在は公益社団法人となっている。

横浜市内には7つの税務署があり、このうち神奈川税務署管内に設けられた神奈川法人会には、神奈川区の神奈川ブロックと港北区の港北ブロックがある。若林社長の誘いを了承した私は、つま正の本社所在地である神奈川ブロックの片倉神大寺支部に入会した。その後、横浜駅東口にあった丸十家具店の田中幸男社長に勧められ、つま正の営業所のある栄町支部にも加入した。それが横浜ポートサイド支部へと名称変更した際に重複加入を解消して現在に至っている。

私は当時ライオンズクラブの活動に本腰を入れ始めており、横浜新興青果商業協同組合の理事、社団法人日本調理師会神奈川県支部の副支部長などで忙しかったが、頼まれると嫌とはいえない。誰かに誘われれば時間が許す限り、まずはやってみて、良いと思ったら

神奈川法人会と横浜市身体障害者団体連合会による海辺の交流会に参加した佐藤信夫さん（左から２人目）と筆者（同３人目）＝1999年7月18日

人を誘う。それが私のスタンスでもある。

法人会の単位会や支部の活動は、小学校での租税教室、税制改正に関する講演会や研修会の開催、支部や単位会、地域の他団体との交流などの活動が中心で、神奈川公園の清掃なども定期的に行っている。

そうした活動趣旨に賛同した私は、加入後は知人の勧誘に努め、95（平成7）年11月に事業活動と会員増強への貢献に対して神奈川法人会会長表彰を頂いた。

人よりも時間の自由が利く私は法人会でも重宝され、97（平成9）年にポートサイド支部長・神奈川法人会理事、99（平成11）年には神奈川法人会神奈川ブロック長、２００１（平成13）年からはホームページ運営委員を務めた。

その後も県連の組織委員や組織委員長、事業委員長などを通じ、国や地方自治体に対する税制提言や税の普及・啓発活動などに努め、法人会の活性化に少しなりとも貢献することができたと思う。

それは法人会の先輩で、高周波熱処理技術のパイオニアとして知られる横浜高周波工業株式会社（港北区）の佐藤信夫代表取締役と知り合えたことが大きい。また、ライオンズクラブの活動を実践的に積み上げながら身に付けてきた、団体活動の運営方法のノウハウが大いに役立った。

20周年を未来への礎に

人が誕生日を祝うように会社の周年記念に祝賀会を行う会社は多い。つま正の創業から走り続けてきた私にとって、10周年は温かく見守ってくれた皆さまやお客さまに日頃の謝意を示す良い機会となった。

その後、日本はバブル景気とその崩壊という修羅場を経験したが、つま正にとってのバブルは、横浜市内のホテルでしばしば開かれた高額のディナーショーへの出費くらいで、業績は順調に伸びていった。

1997（平成9）年3月の創業20周年が翌年に迫った96（平成8）年7月、食材業者にとって人ごととは思えない大事件が起きた。腸管出血性大腸菌O157の集団感染である。

一般的な食中毒の発症原因は、細菌、ウイルス、フグや毒キノコによる自然毒に大別される。この中では細菌性の食中毒が最も多く、かつては腸炎ビブリオ、サルモネラ菌、黄色ブドウ球菌などが代表格とされていた。

ところが96（平成8）年には、それまであまり知られていなかったO157による食中毒が多発し、ついに大阪府堺市の集団感染で小学生3人が亡くなるという痛ましい結果を招いたのである。

感染者が9500人を超える中、厚生省（当時）が「カイワレ大根が感染源である可能性が高い」という見解を公にしたことからマスコミ報道が過熱した。全国の店頭からカイワレ大根がいっせいに姿を消し、関係業者が甚大な損害を被った。私も生鮮食品を扱う者として神経をとがらす日々が続き、調理師会も情報収集に追われた。

結局のところ感染源は特定されず、当時の菅直人厚生大臣がマスコミの前でカイワレを食べるパフォーマンスを見せて混乱収拾を図ったが、誰かに責任を負わせて事を終わらせようという行政の姿勢は後味の悪いものだった。

その後、カイワレ業者は国に損害賠償を求めて最高裁まで争い、２００４（平成16）年に２２９０万円の損害賠償が命じられた。Ｏ１５７は潜伏期間が長く、感染源の特定が難しいが、真面目な業者が長年かけて築いてきた信用が、誤った情報で簡単に崩れ去ってしまったことは確かである。その意味でも当時の政府の対応に不信感が募ったことは否めない。

つま正も食中毒の発生を防ぐために細心の注意を払っているが、衛生管理の大切さと難しさを改めて痛感させられた事件だった。

貴重な教訓を肝に銘じて迎えた20周年は、未来へ向けた単なる通過点ではなく、その先の未来を築くための貴重な礎となる。私はそうした思いを込め、年が改まった98（平成10）年１月28日、メルパルク横浜でつま正創業20周年記念祝賀会を開催した。

つま正創業20周年記念祝賀会（メルパルク横浜）であいさつする筆者＝1998年1月28日

主賓はつま正の成長のきっかけをつくってく

ださったメルパルク横浜の総支配人の光吉忠雄さん。また、衆議院議員（当時）の佐藤謙一郎さん、菅義偉さん、中田宏さん、上田勇さんらが来賓として身に余る祝辞を述べてくださった。

その祝賀の席で、間もなく83歳の誕生日を迎える母チヨの晴れやかな笑顔を見た時は、これで少しは親孝行ができたかなと思った。

現在地に新たな営業拠点を建設

私はつま正が創業20周年を迎えた頃から、そろそろ営業所の拡張が必要だと考え始めていた。

１９８４（昭和59）年6月に新しい営業所（現ガトーよこはま）が完成して移転した時は「卓球台を置いて試合ができるほど広い」と感動した。ここでずっとやるものだと信じて疑わなかった。それがわずか十数年でまったく手狭になってしまったのである。

では、どこに移転したらよいか。前回と同じく、横浜中央卸売市場から至近距離にあることを最優先条件に土地の使用状況を見てみると、当時の営業所から30メートルほどしか離れていない場所が駐車場として使われていた。

「ここだ！」と思って持ち主の中島水産株式会社（東京都中央区）に声を掛けると、売却してもよいという返事をもらった。

正直なところ、いろいろな課題もあったが、立地的にこれ以上のものはないし、今後も手に入れられるとは思えない。そう考えた私は土地の購入に踏み切り、同じ神奈川区内の株式会社横溝工務店に施工を依頼した。

一方、神奈川区の大野町、金港町、栄町一帯では80年代から「ヨコハマポートサイド地区計画」という再開発計画が進められ、横浜駅きた東口に新しい街が次々と生まれていた。その再開発事業の一環として、中島水産のさらに先の土地が横浜市に購入されることになった。再開発の対象地域にある企業の移転用地に充てるためである。その後、幸運にも利用されないまま残った一部を営業車の駐車場として借り受けることができた。

待望の新営業所は鉄骨造りの3階建てで、延べ床面積は約890平方メートル。1階が作業所、2階は事務所、社長室、会議室、休憩所、更衣室、3階にはメロン倉庫、乾物倉庫、書庫などを置いた。

安全性をより高めるため、最新のオゾン殺菌設備も導入したが、これは大失敗だった。使用状況によってオゾンの濃度が高くなりすぎる危険があり、使い物にならなかったから

つま正新社屋竣工披露式で鏡割りを行う筆者（中央）＝2002年11月27日

だ。「最新」のうたい文句に飛びついた代償は大きかった。

その代わり、というわけではないが、横浜中央卸売市場郵便局の横田保局長から頂いた大型金庫はいまだに現役で活躍中である。新品導入のために廃棄されるものを、リサイクルのつもりでくださったのだろう。

新社屋竣工披露式は２００２年11月27日。１９９７（平成９）年１月に催した20周年祝賀会の倍以上の２８０人の招待客を前に、私は感謝と決意を込めてあいさつした。

「創業から25年、周りの人たちや良いスタッフに恵まれ、一度も赤字になることなく業績を伸ばさせていただいている。新社屋完成を機に、より安全で良い品物をお届けし、業界の先達になりたい」

そして、来賓の佐藤謙一郎衆議院議員、メルパルク横浜の片山博総支配人、神奈川県調理師連合会の山野井孝会長、調書家の綾部経雲齋さんらの祝辞を心に刻んだ。

児童養護施設を支援

ライオンズクラブでは社会福祉施設への支援も継続的に行っていて、その中のひとつに横浜市中区の児童養護施設・社会福祉法人日本水上学園がある。

まだ近代的な港湾施設が整備されていなかった1940年代の横浜港では、大きな貨物船は港に接岸することができず、艀《はしけ》と呼ばれる平底の特種な運搬船が重要な役割を果たしていた。艀の多くは自力で航行することができないので、タグボートに引かれたり押したりされて沖合の船と河岸とを往復し、荷役の主役として活躍していたのである。

そうした艀《はしけ》を所有する港湾労働者の中から、艀《はしけ》の一部を住居にして家族で生活する水上生活者が現れ、その福利厚生施設として各地に水上会館や水上学校が設置されていた。

水上生活者の多くは住所が定まらず、生活時間も不規則になりがちだ。横浜でも彼らの子どもたちの就学状況を危惧したクリスチャンの教育者・伊藤傳《つたえ》が42（昭和17）年7月、山下町に全寮制の日本水上学校を設立した。

日本水上学校はその後山手町に移り、戦後は財団法人として運営されてきたが、港湾施

横浜中央市場ライオンズクラブとして、桃の花やイチゴを日本水上学園に贈る＝2018年3月2日

設の整備が進むと艀《はしけ》の需要は激減し、港湾住宅の整備に伴って水上生活者はいなくなった。日本水上学校も発展的に解散し、学校法人「聖坂《ひじりざか》養護学校」と社会福祉法人「日本水上学園」に再編され、後者は児童養護施設として新たなスタートを切ったのである。

日本水上学園は、男子は野球、女子はソフトボールが盛んなため、ライオンズクラブとして何度か用具を寄付していたが、２００２（平成14）年3月にはバッティングマシンを寄贈した。

稲本誠一園長（現理事長）から大いに感謝されたが、同時に古くなった建物を何とかしたいという切実な要望も聞かされた。横浜市に建て直しの請願を出してはいるものの、何度も却下されているという。

当時の本館は１９６６（昭和41）年、新館は72（昭和47）年の竣工だったが、どちらも築年数の割に傷みがひどい。館内を見せてもらうと、全体的に狭く、風呂やトイレなどの水回り設備はとりわけ劣化が激しかった。

「ここをよりどころとしている子どもたちのためにも何とかしないといけない」

何かよい方法はないかと考えているうちに行われた横浜市長選で、私が支援した元衆議院議員の中田宏さんが当選した。横浜新興青果商業協同組合が企画した料理教室を視察に来てくださって以来の付き合いである。

私はすぐに稲本園長から却下された請願書を預かり、当選直後でまだ就任前の中田新市長に見せに行った。「何とかならないだろうか」と持ちかけると、中田新市長はすぐに施設を見に行ってくれた。

そして就任後もすばやく動き、補正予算の中から調査費を付けてくれたのである。その結果、日本水上学園では03（平成15）年から04（平成16）年にかけて、創立者の伊藤傳の業績を紹介する伊藤記念館の大規模修繕と、園舎2棟の建て替えが実現した。

ライオンズクラブでは今も毎年3月に日本水上学園を訪ね、桃の花とひなあられ、イチゴを贈り、交流を深めている。

次世代への種をまく

つま正が創業20周年を迎えた1997（平成9）年は、長男の正和が武相高校を卒業する年でもあった。

私は子どもたちが小さいころから、「高校しか出さない」と言い聞かせてきた。私自身は中学校しか出ていないし、自分自身の経験から、商売をするには学校よりも実務の方が役に立つと思っている。商売に不可欠な法律や税務については、専門家である弁護士や税理士に任せればよい。

子どもの進路相談ではこんな経験をしたことがある。担任がクラスの生徒の成績分布を表すグラフを示しながら説明を始めたのだが、驚いたことにそのクラスには平均点以上の生徒が数人しかいなかった。

「生徒の成績が平均以下ばかりなのは教える側の問題でしょう。これはいわば先生方の成績表ですよ」

その担任からは、教師として生徒の成績を少しでも良くしようと努力した形跡や真剣さが感じられず、思わず強い言葉になってしまったのである。

子どもたちに関する私の教育方針は、同業他社で修行させた後、つま正に入社させるというもので、正和は武相高校卒業後、築地にある東京促成青果株式会社（通称マルソク）で7年間働いた。つま正の本業であるつまものを主に取り扱っている会社である。

進路について、子どもに有無を言わせない強さもあったし、子どもたちはいや応なしに従ったのかもしれないが、正和は「働いてみておやじの偉さが分かった」と言っている。

後継ぎの息子３人と初孫に恵まれた筆者（前列右）＝2004年5月

正和の翌年に同じ武相高校を卒業した正篤は、東京都の大田市場の東京青果株式会社（通称東一）に入った。青果物卸売りの業界最大手で、同業者だけでなく、生産者の子弟が全国から集まってくる会社である。

２００４（平成16）年に横浜商科大学高等学校を卒業した三男の正治は、正和と入れ替わるように東京促成青果に入社した。兄２人が高卒で就職した後に高校へ進んだ正治は、「自分もいずれ商売をするのだから商業高校に行きたい」と自分で進路を決めていた。

会社が築地だった正和と正治は実家を出て寮生活を送ったが、正篤は大田市場まで通った。出社時間が5時なので車で行くしかないのだが、通い始めて間もない7月、居眠り運転で事故を起こしてしまった。前を走っていたトラックに追突したのだ。車は大破したが、幸い本人には大したけがはなかった。

それまで高校生として普通の生活をしていた人間が、朝が極端に早い市場仕事に慣れるには、やはりそれなりの時間がかかるのだろう。

3人の子どものうち、最初につま正に戻ってきたのは次男の正篤である。2003（平成15）年10月のことで、私が54歳のときだった。同年4月に母のチヨが89歳の長寿を全うしており、つま正も小山家も新しい世代に入りつつあった。

そして翌04（平成16）年4月に長男の正和が、さらに2年後の06（平成18）年4月に三男の正治が戻ってきた。

3人の息子が3人ともつま正に入ったと話すとたいてい驚かれるが、私は何も特別なことをしたわけではない。背中を見せてきただけである。

伝説のチーズケーキを残せ

２００３（平成15）年10月、次男の正篤がつま正に入社した。３人の息子の中では最も早いが、このタイミングで戻したのは、新たにチーズケーキの店をオープンさせるためだった。現在、つま正グループのガトーよこはまから、「伝説のチーズケーキ」というキャッチフレーズで販売している商品である。

業務用野菜の卸売販売業とはまったく畑違いの商品であるチーズケーキを手掛けるようになったのにはこんな経緯がある。

このチーズケーキは１９８９（平成元）年に誕生した有限会社白浜（秦野市）の人気商品で、「しらはまチーズケーキ」として知られていた。当時の代表者でこのケーキを創作したフランス料理のシェフは全日本司厨士協会神奈川県本部に属しており、私は神奈川県調理師連合会の活動を通じて彼と知り合ったのである。

ところが一世を風靡《ふうび》した人気商品であったことがかえってあだとなったのか、同社は取り込み詐欺などの被害に遭い、破産に追い込まれるという事態に陥った。

相談を受けた私は、92（平成４）年に果物の卸売会社として分社した株式会社神奈川フルーツを株式会社ガトーよこはまに改め、「しらはまチーズケーキ」の商標登録とレシピを譲り受けることにした。神奈川県が生んだ人気商品を何としても残したかったからである。

そして新社屋の竣工で空いた元の社屋にカフェを併設したガトーよこはまをオープンさせるとともに、責任者として次男の正篤を呼び戻したのである。

その後「しらはまチーズケーキ」はシェフの弟が引き継いで、同じ名前で

開店した当時のガトーよこはま本店＝2003年

販売を続けることになったため、商標の正規継承者である当社は「よこはまチーズケーキ」の名で販売を始めた。「伝説のチーズケーキ」の名は、惜しまれながら一度は姿を消した名品が復活したことを報じた日本経済新聞の記事に「伝説のチーズケーキ復活」と書かれたことに由来する。

洋菓子製造を手掛けて分かったことは、利益率が低いということだ。デンマーク産の極上チーズ、北海道のフレッシュバター、厳選された卵などの材料にこだわれば当然のこと

で、野菜の卸売販売業とは別物だと割り切っている。

翌2004（平成16）年には長男の正和が7年間勤めた東京促成青果を退社してつま正に入社し、主に本業のつまものの業務に携わることになった。業容が拡大し続けて人手が足りなくなり、結果的にこのタイミングとなったのだ。

三男の正治は06（平成18）年につま正に入社し、正篤と一緒にガトーよこはまで働き始めた。その後の一時期、頼まれて営業権を買い取ったカレー店を任せたが、そもそも経営難だった店だったため、早々に見切りをつけて正解だった。

これまでの間に3人とも調理師資格を取得し、現在は正和が青果、正篤は13（平成25）年に事業を継承した水産（長峯水産）、正治がガトーよこはまと、それぞれ仕事を分け合っている。

創業30周年を通過点に

2004（平成16）年10月23日、マグニチュード6・8の新潟県中越地震が発生し、私の故郷の松代町《まつだいまち》（新潟県）では震度5強の揺れを観測した。兄の家は無事だったが、震度7をキロした小千谷市の兄嫁の実家が全壊した。人的な被害がなかったことがせめてもの救いだった。

さらに翌年の1月下旬から2月上旬にかけて記録的な大雪となり、その融雪による雪崩被害など、二次的な自然災害とみられる被害が相次いだ。

中越地方はこの年の6月にも地震や豪雨に見舞われ、それが一息ついたと思ったら、07（平成19）年7月16日、再びマグニチュード6・8の新潟県中越沖地震に襲われたのである。

この間に合併して十日町市となった松代町はまたも震度5強の揺れに襲われ、隣接する柏崎市で大きな被害が発生した。

故郷が度重なる災害に見舞われている間の06（平成18）年、ノロウイルスによる食中毒が全国的に大流行した。国内では1997（平成9）年に食中毒病因物質に追加された新顔ウイルスだが、次第に患者数が増え、06（平成18）年に大規模感染が多発したのだ。

ノロウイルスは冬季を中心に一年中発生するだけでなく、経口感染（食中毒）、接触感染、飛沫《ひまつ》感染などで広まるため、無症状の感染者も100万人単位で存在するという非常に厄介なウイルスだ。

「食」に関わる者にとって食の安全・安心は常に最重要課題だが、何とか撲滅に追い込んでも、まるでいたちごっこのように新たな細菌やウイルスが流行するのが現実だ。私たちには常に、最新の情報に基づいて先手を打つことが求められると改めて思った。

つま正はそうした中で創業30周年を迎えた。社員は58人、ガトーよこはまの販売員を含めると68人にまで増え、納品車両も30台を超えるまでになった。

つま正創業30周年を記念して３局の郵便局長が作成してくれた筆者の似顔絵切手

07（平成19）年3月30日、メルパルク横浜で開催した祝賀会では、来賓の上田勇衆議院議員、浅尾慶一郎参議院議員らから祝辞を頂き、急な公務のために欠席した中田宏横浜市長はビデオメッセージを寄せてくれた。

社長としてあいさつに立った私は感謝の言葉と創業からこれまでの経緯を簡単に述べた後にこう続けた。

「小山家では長男、次男、三男の全員が高校を卒業後、築地市場と大田市場に勉強のために就職しました。今では3人とも帰ってきて、長男はつま正の営業、次男はガトーよこはまの営業、三男は調理師学校に通いながらカレー屋で鍋を振る練習をしています」

このとき会場から湧き起こった大きな拍手は、つま正の次世代に向けられたエールだったと思う。

つま正ではこのころから、たとえばレタスの仲間のA菜（エーサイ）、油麦菜（ユーマイサイ）、花ミョウガなど、それまで馴染みのなかった野菜を中心とした商品開発に力を入れるようになった。その一つが09（平成21）年から販売を始めた「若取り金糸瓜（キンシウリ）」である。「ソウメンカボチャ」とも呼ばれる西洋カボチャの一変種で、早いうちに収穫するとシャキシャキの食感が楽しめる。目新しい野菜をただ売るのではなく、飲食店や料理人に調理法を提案し、積極的な普及に取り組んでいる。

第四章　奔走

地域への思いを形にする

区民ブランド育成に尽力

私が横浜商工会議所（以下横商）に入所したのは１９８０（昭和55）年。横浜市内の８支部のうち、神奈川区、港北区が属する北部支部の所属となり、２００３（平成15）年10月から1号議員となった。

それから間もなく、３人の息子がそろってつま正グループで働くようになったため、社外活動に時間を割きやすくなった私は、横商を通じた地域おこしの活動にも積極的に取り組むようになった。

きっかけは上野孝会頭が企業と市民、行政が力を合わせて新たな経済力を創出する「共創」という方針を打ち出したことを受け、地域活動委員会が新設されたことである。商工会議所として、それまでかかわりの少なかった地域住民との関係を重視するアクションを起こそうというものだった。

そこで北部支部では07（平成19）年6月、神奈川区とともに「ブランド共創委員会」を立ち上げた。その委員長に就任した私が最初に取り組んだのが、地域まつりへの出展である。２年後に迫った横浜開港１５０周年を視野に入れつつ、区内企業の製品やサービスをアピールし、「神奈川区ブランド」を生み育てる計画の一環だった。

神奈川区は東海道の神奈川宿に始まる歴史のある土地らしく、区内には創業１００年を優に超える料亭田中屋、日本味噌《みそ》、岩井のごま油など、由緒ある老舗企業がいくつもある。こうした区内の老舗メーカーが製造するしょうゆ、ごま油、せっけん、タオルなどを地域まつりを通じて広くピーアールしようと考えたのだ。

そして07（平成19）年10月7日、反町公園で開かれた区制80周年を記念する地域まつりに「かながわブランド製品販売ゾーン」を設置し、区内で生産されている人気商品を販売したところ、ほとんどの商品が売り切れる大盛況となった。区内の農家が生産した産直野菜の販売ゾーン、神奈川区の歴史や魅力を紹介するゾーンにも多くの人が集まり、よい情報発信ができたと思う。

反町ふれあいサロンのかながわ宿ブランド展を訪れた筆者（右）＝2016年10月22日

神奈川区は約24万人の人口を擁するが、新入世帯も多く、地域のことをよく知らない人たちもいる。そのため、横商北部支部では地域と関わる地域まつりなどを通じ、あまり知られていない特産物や商店街、地場産業、歴史的建造物、名所などの地域資源をリンクさせ、区民に親しまれるブランドとして育てるとともに、区外から人を呼び込むきっかけにしたいと考えている。区内の特産品を「よこはま・かながわ宿ブランド」に認定する取り組みもそのひとつで、毎月第４土曜日には東横線反町駅前のふれあいサロンで、「かながわ宿ブランド展」を開催している。

「よこはま・かながわ宿ブランド」のひとつに認定されたガトーよこはまのチーズケーキは、09（平成21）年に横浜市経済観光局が市内の商店会に声を掛けるなどして選定した「街なか　ちょい土産」10品のうちのひとつに選ばれ、そのおかげでさらに多くの人に知られるようになった。

小旅行を通じて地元を知ろう

神奈川区では地域の魅力を再発見し、愛着を深めてもらおうと、１９９０（平成２）年に「神奈川区ビューポイント36景」を選定した。２００５（平成17）年には、それをリニューアルするために魅力的なポイントについてアンケートを実施し、69カ所の候補地を選定し、さらに候補地を推薦する区民グループによるPR活動や人気投票などを通じ、06（平成18）年4月、新たに「わが町かながわ50選」が選定された。

気が付けば私も神奈川区民となって約40年。50選には神奈川区らしい風景や魅力的な眺望点、歴史のある場所や活気のある街並み、私のお気に入りの場所などが網羅されており、まるで自分のことのようにうれしかった。

しかも、50選を8つの散策ルート（現在は10コース）で紹介するハンディーサイズのガイドブックが作られ、パソコンや携帯電話で手軽に見られるようになったのだ。

「せっかくの50選を選んだだけ、散策コースを紹介するだけで終わらせてしまってはもったいない」

私がそう考えたのは、横浜商工会議所（以下横商）北部支部で、港北区の「七福神や古《こ》刹《さつ》を巡る都会の安らぎツアー」を実施した先例があったからだ。そこで「よこはま・かながわブランド」の育成を手掛ける横商北部支部ブランド共創委員会として、地域の魅力を再発見する「わが町かながわ小旅行」を新たに企画、実施することになった。

このツアーの特色は、同委員会と、区内の商店街・工業会・町内会・有識者などで構成する「神奈川区資産制度推進委員会」、区内24郵便局の3者共催であり、単なる名所巡り

かながわ小旅行の19回「神奈川宿の海辺のいまを歩く」
＝2013年12月1日

でなく、「よこはま・かながわ宿ブランド」の企業の素顔を見てもらうということにある。

参加費は破格の３００円。横浜シティガイド協会のガイドが同行し、参加者は対象地区内の郵便局や商店街からプレゼントがもらえるという特典も設けた。

第1回は08（平成20）年1月20日、神奈川宿周辺の歴史の道を巡るコースで、ＪＲ東神奈川駅をスタートし、松並木、神奈川台場、青木本陣、将軍家が使った大井戸、本覚寺（米国領事館跡）などを巡った。

当初は８つの散策ルートを年内に巡るだけの予定だったが、予想以上に好評だったため、20回以上も実施することになった。先行実施した港北区でも「ふるさと港北小旅行」として7回の開催実績を残した。延べ参加者は１２００人を超え、皆勤した参加者にはちょっと大き目のポスト形の貯金箱が贈られ、これも大いに喜ばれた。
好評だったのだから結果オーライだが、実施までは様々な苦労があった。
私たちはまずコース設定のための下見を行ったあと、シティガイドとの打ち合わせを兼ねて一緒に回り、実施当日と合わせて都合3回も同じようなコースを巡った。しかも参加者を募るチラシや応募用紙、当日配布する行程表や簡単な説明文を載せたチラシもすべて手作りである
そうした地道な努力のかいもあり、「よこはま・かながわ宿ブランド」の認知度を高め、区内の産品の販売強化につなげる狙いはある程度成功したと思う。

商店会活動でも地域に貢献

横浜には名のある商店会がいくつもあり、たとえば岩瀬商店街（磯子区）は美空ひばりの生家が近くにあったことで知られる。

神奈川区では昭和初期から発展し、長いアーケードを持つ大口通商店街や六角橋商店街が有名だ。そうした中にあって横浜中央市場通り商店会は2007（平成19）年9月に誕生した新しい商店会で、私は発足時から会長を務めて現在に至る。

神奈川公園から中央市場へ続く市場通りを中心に市場と関わりのある飲食店や問屋、小売店などが参加しており、市場に合わせて水曜日を定休日にしたり、早朝から昼までを営業時間としている店も少なくない。

市場通りにはかつて市電の停留所があり、買い出し客で大いににぎわった。最盛期に比べて数は減ったが、あえて商店会を立ち上げたのは、この地域で働く人たちの生活に利するためだ。

たとえば神奈川区役所と交渉し、市場通りに新たにバス停を設け、運行時間の延長などを実現することができた。

こうした働きかけは、つま正の社長として口を出しても相手にされないが、商店会の会長としてなら、堂々と交渉の場に臨むことができる。

こうして市場や地域の振興に知恵を絞っていた08（平成20）年3月、横浜中央卸売市場のあり方を検討してきた開設運営協議会から、神奈川区の本場と金沢区の南部市場の統合が提言された。

その結果、南部市場は15（平成27）年4月以降、本場を補完する物流エリアと公募事業者によるにぎわいエリア（19年開業予定）とに分けて事業化されることになった。

中央卸売市場の取引量が全国規模で漸減し、統廃合や地方卸売市場への転換が進められる中、やむを得ないことだとは思うが、関係業者として、一抹の寂しさを覚えずにはいられない。

横浜中央市場通り商店会が企画した「商店街プロレスin市場」のリングであいさつする筆者＝2012年9月15日

一方、横浜中央市場通り商店会では12（平成24）年9月15日、「市場と地域住民との交流と魚食普及活動実行委員会」と協力し、同中央卸売市場本場内に臨時に設けたリングで「商店街プロレスｉｎ市場」を開催した。

大日本プロレスのレスラーたちが熱戦を繰り広げ、さらにキャベツや大根を手に場外乱闘を始めると、セリ場は８００人を超える観客の大歓声に包まれた。同時に実施したマグロの解体ショーや料理教室も好評で、「今日は楽しかった」という声が大いに励みとなった。

17（平成29）年1月23日にはかながわ商店街

観光ツアー委員会と協力し、「ハマの台所！　横浜中央市場通り商店会ツアー」を実施した。公益社団法人商連かながわが、県内の商店街を知ってもらうために企画しているイベントのひとつだ。

ガイドの案内で水産物部を見学、さらにマイナス40度の冷凍庫を体験し、ランチは刺身またはとんかつ定食。ガトーよこはまのお土産を手に、ノリの蔦金商店、包装資材のオリマツを見学するコースで、参加費は２０００円に設定した。

商店街観光ツアーはそれぞれの商店街が独自に企画するため、内容によって応募者数にはバラツキがあるが、このツアーはすぐに定員を超えて抽選となった。

還暦を機に決意を新たに

あまり耳慣れないと思うが、消費税を中心とした間接税の納税者で組織する組織を「間税会」といい、税務署の管轄ごとに単位間税会が設けられている。

間接税についての知識を習得し、自主的な申告納税体制の確立を通して円滑な税務運営に協力する組織であり、会員企業の立場で税制や税務執行の改善のための提言を行い、国税当局とのパイプ役として活動することになっている。

宝石や毛皮、自動車などのぜいたく品に物品税がかけられていた昭和40年代に宝飾業者らが中心となり、「物品税協力会」として設立されたのが始まりだという。それが神奈川区の例でいうと、１９８０（昭和55）年に神奈川税務署管内間税協力会という名称に改められ、物品税が廃止され、消費税が導入された89（平成元）年に神奈川間税会となった。

私は神奈川法人会に加入していたことがきっかけで、２００９（平成21）年に誘われて加入した。11（平成23）年6月から会長を務めており、17（平成29）年5月には創立50周年の記念式典を開催するとともに、会の名前を「神奈川・港北間税会」に改めた。

一方、神奈川税務署管内には、税務署と法人会、税理士会、青色申告会、間税会、納税貯蓄組合、小売酒販、酒類生産卸協議会からなる「八者会」がある。

それぞれの立場から税制や税務に関する意見交換を行っているが、私はこうした場を通じ、複雑で改正が多く分かりにくい税制を柔軟に見られるようになったと感じている。

ところで間税会に加入した09（平成21）年は私の還暦に当たり、この前後には社会的にも個人的にもいろいろなことがあった。

たとえば、商店会の会長になったことから警察との関係が生まれ、神奈川区企業防犯連絡協議会会長や神奈川安全運転管理者会参与を務めることになり、今も交通安全運動などに協力している。

　また、人生の節目となる還暦を前に日本赤十字社に寄付をしたため、２度目の紺綬褒章を頂いたほか、神奈川税務署、神奈川県税事務所、東京国税局間税連合会、東京国税局などからも申告納税の普及や県税確保などの功績に対して表彰していただいた。

　中でも記憶に残るのは、神奈川県法人会連合会の佐藤信夫会長、神奈川県調理師連合会の新倉高明会長、横浜商工会議所小売部会の宮川スミ子部会長、横浜新興青果商業協同組合の石井孝和理事長、横浜金港ライオンズクラブの増田稔会長、国際ホテルの滝本満夫社長（役職はいずれも当時）らが発起人となり、新横浜国際ホテルで還暦を盛大に祝ってくれたことである。

還暦祝いで来賓の菅義偉衆議院議員（左から３人目）から祝辞を受ける筆者夫妻

水前寺清子ショーが場を盛り上げる中、還暦を象徴する赤いスーツで出席するのは気恥ずかしかったが、公私ともに充実した中で還暦を迎えた感慨は想像以上に大きなものだった。

今日まで私を支えてくれた家族と社員、お客さまや社会に感謝しつつ、できるだけ多くの人に喜んでもらえる会社を目指したいと改めて心に誓った。

ライオンズクラブのガバナーを志す

前にも書いたように、ライオンズクラブは個々のクラブ、ゾーン、リジョン、準地区、地区という階層構造になっている。

私は１９８８（昭和63）年に横浜金港ライオンズクラブに入会して以来、その会長、地区副幹事、ゾーンチェアパーソン、リジョンチェアパーソンなどを務めてきた。そしてライオンズクラブの活動を通じて私の理想を実践するためには、地区の最高運営役員である地区ガバナーに就任する必要があると考えるようになった

３３０Ｂ地区の原点は１９６５（昭和40）年に誕生した３０２Ｅ５地区で、その後、再編や分割を経て76（昭和51）年から３３０Ｂ地区となり、現在に至っている。

金子圭賢地区ガバナー（左）からガバナーキーを受け取る筆者＝2011年6月7日

同地区の会員数は90年代初頭の９１９５人をピークに減少を続けていた。私がガバナー立候補を模索し始めた２０００年代の中頃には最盛期に比べておよそ4割も少なくなり、５０００人台を維持するのがやっとという状況だった。この間、リジョンやゾーンの数はあまり変わっていないものの、会員数の減少に伴い、単位クラブの数も減っていた。

　このことはクラブを基本とし、クラブを原点とするというライオンズクラブの活動においてはかなり深刻な問題で、私がガバナーを志す動機のひとつでもあった。

　私がガバナーの存在や権限を初めて意識したのは入会から数年後、主に会員からの寄付で人道団体として運営されているライオンズクラブ国際財団（ＬＣＩＦ）から、地区やクラブの人道奉仕活動に援助金として支給されるお金の流れに疑問を感じたことにある。

入会以後、横浜金港ライオンズクラブの会員を大幅に増やしたという自負もあり、資金配分の権限を持つガバナーに直接疑問をぶつけてみたが、まったく相手にされなかった。今になって思えばその頃の私は40代になったばかりで、入会数年の若輩者。ビジネスの上では小さいながらも社長を務め、トップダウンの経営ができていたが、階層的な組織の中では、やはり地位や役職、それにキャリアがモノを言う。

この経験から「いずれは地区ガバナーに」という思いが芽生え、だからこそ、楽しさややりがいを感じながら、330B地区の中でキャリアを積むことができたのだと思う。

地区ガバナーになるためにはまず、ガバナーの主席補佐役である「第1副地区ガバナー」に選任される必要があり、副地区ガバナーになれば、通常は次の地区年次大会で地区ガバナーに選出される。

しかし、ガバナーへの道は思っていた以上に厳しいものだった。私は言葉より先に行動しがちで、そのために誤解を招いてしまうことが少なくない。思いはあっても言葉が足りず、自分の意思を第三者にうまく伝えられないこともよくある。

そうした直情径行さが災いし、副地区ガバナーの選挙では一度、二度とはね返された。それでもあきらめずに挑戦し、2010(平成22)年、3度目の挑戦でようやく第1副地区ガバナーとして信任を得ることができた。

ライオンズクラブ国際大会で決意表明

2010（平成22）年春、私はライオンズクラブ330B地区の第1副地区ガバナーに立候補した。

代表推薦人は仏具店・蓮華堂（中区）の社長で2000（平成12）年に地区ガバナーを務めた神田信男さん（横浜中央ライオンズクラブ）。保険代理店・石井商事（南区）社長の足立和夫さん（横浜ＢａｙＣｉｔｙライオンズクラブ）が推薦文を書いてくださり、横浜市、横須賀市、鎌倉市、逗子市、三浦市などの51クラブから推薦を得ての立候補だった。

3度目の挑戦で対立候補を破った私は4月の地区年次大会で信任を受け、翌11（平成23）年のガバナーの座が約束されたのである。

ところが62歳の誕生日を過ぎ、念願のガバナー就任まで4カ月足らずとなった3月11日、東日本大震災が発生した。つま正がある神奈川区も震度5強の大きな揺れに見舞われ、近隣でも建物の損壊などの被害が発生した。

幸いにも事業関連に大きな支障はなかったが、ポートサイド地区では歩道のタイルが散らばり、一部の土地では地盤沈下が起きた。
4月10日に予定されていた地区年次大会は中止となり、私は6月7日に開かれた拡大キャビネット会議でようやくガバナーとしての信任を得るに至った。

ガバナー活動で支えてくれたキャビネット幹事の増田稔さん（左）、会計の平野孝夫さん（右）とともに＝2011年7月

6月末、私はガバナーエレクト（選出から就任までの期間の呼称）として渡米し、新任ガバナーのためのエレクトセミナーに出席した後、7月5日にシアトル国際大会で催されたインターナショナル・パレードに加わった。

日本からの参加者は、東日本大震災に対する世界各国からの支援への感謝の言葉を記した横断幕を先頭に、青地の法被《はっぴ》に豆絞りの手ぬぐいの鉢巻き姿で行進し、ユニフォーム着用代表団のコンテストで1位となった。

そして7月8日、地区ガバナー就任宣誓式で正式にガバナーに就任した私は、シアトル郊外のベルビューのレストランで開いた晩さん会で、約45人の出席者を前にこうあいさつした。

「皆さまのお力添えでガバナーになることができました。私のテーマである『協同と協調による和の奉仕』の理念を実践し、皆さまの期待にお応えします」

私はキャビネット幹事に増田稔さん、会計に平野孝夫さんをそれぞれ指名し、7月15日に進交会館（中区）3階にキャビネット事務所を開いた。

増田さんは横浜中央卸売市場の卸売業者である横浜丸魚株式会社で社長・会長を務めた敏腕経営者。同社の先代経営者で、1990（平成2）年に横浜金港ライオンズクラブ会長を務めた常盤信一さんに紹介されて以来の長い付き合いである。

平野さんは食品包装資材の老舗総合商社として知られる株式会社オリマツ社長。私とは同い年で、神奈川法人会にも誘い、それまでも一緒に活動してきた。

二人とも私が金港ライオンズクラブに誘った仲で、平野さんは96（平成8）年、増田さんは08（平成20）年に横浜金港ライオンズクラブの会長を務めており、私にとっては気心の知れた良き理解者である。

4つのライオンズクラブを新設

2011(平成23)年7月、ライオンズクラブ330B地区の地区ガバナーに就任した私は、まず会員増強目標などの基本方針を示し、さらに地区内の全クラブを訪問することを表明した。

それまではリジョン単位でガバナーの公式訪問を行い、同時に開催される小会議で意見を集約させるのが一般的だった。

私もいわばガバナー就任後、いわば「お約束」として、8月23日から9月21日まで約1カ月をかけ、神奈川、山梨、伊豆大島にまたがる330B地区のリジョン単位の公式訪問を行った。そしてそれとは別に、クラブ個別の例会や家族会などに積極的に参加し、会員増強や活性化につなげるように努めたのである。

就任直後からの私のこうした行動は、「異彩を放つ」「型破り」「歴代のガバナーのイメージを脱却」など、戸惑いとともに受け止められたが、その一方で愚直なまでの会員増強へのこだわりや、分かりやすいリーダーシップに期待してくれる人も数多くいた。

この間の9月1日、同年7月のシアトルの国際大会で新たに国際会長に就任した香港のウィンクン・タム氏が来日し、東日本各地のライオンズクラブを公式訪問した後、憲政記

横浜中央市場ライオンズクラブの宮本初義会長に認証状を手渡す筆者（左）＝2011年11月8日

念館で日本のクラブ会長らとディスカッションを行った。

これは国際会長の公式訪問プログラムとしては初めての試みで、「ライオンズの基盤は単一クラブ」という基本理念を改めて強く示したものとなった。

タム氏は航空・旅行業を専門とする企業からなる多国籍グループの会長を務める傍ら、ライオンズクラブの国際理事会などで長く活躍された経歴を持つ。環境問題に関心の高いタム氏が掲げた、「1年間で100万本の植樹」という目標を参考に、私も10月2日の日曜日に実施した330B地区の統一奉仕デーで、「地球環境保全1万本植樹」をテーマに掲げた。

その一環として12（平成24）年5月25日、大和市の引地川公園「ゆとりの森」で3000本のツツジやサツキの植樹式を行った。この日は60人余りの会員が参加して3000本のうちの１００本を植え、これを手始めとして最終的に目標の1万本を超えることができた。

一方、10月24日には黒岩祐治神奈川県知事、同25日には林文子横浜市長を表敬訪問し、12月10には、ライオンズクラブと関わりの深い神奈川県アイバンク30周年記念式典に出席した。

こうしたガバナーとしての活動の中で、私が特に力を入れたのは会員増強で、在任中に横浜中央市場、新横浜、退任後に横浜レインボー、横浜東の４つのクラブを立ち上げた。原則として初期会員を25人集めればクラブはつくれるのだが、残念ながらそれを実践した人はほとんどいないというのが実情である。

現在、妻の万美は金港ライオンズクラブの47支部、長男の正和は横浜中央市場、次男の正篤は新横浜、三男の正治は横浜東ライオンズクラブにそれぞれ加入し、家族ぐるみで活動に取り組んでいる。

震災復興支援に力を尽くす

私がライオンズクラブの地区ガバナーに就任した２０１１（平成23）年は東日本大震災

だけでなく、霧島山（新燃岳）の噴火、長野県北部地震、台風12号・15号などの自然災害が相次いだ。海外でもニュージーランド地震やトルコ地震、米国はハリケーン・アイリーンで甚大な被害を受け、パキスタンやタイでは洪水、さらに干ばつや竜巻など各地で自然が猛威を振るった。

そうした中で11月末、「東洋東南アジア・フォーラム」のためフィリピンのパサイ市を訪問すると、現地のライオンズクラブでは若年層の活躍が多く、強い発信力を持っていることに衝撃を受けた。

台湾や韓国、特に中国の存在感が増している中で、日本は会員の平均年齢が高く、国内の会員数に比べて国際協会の役員が少ないことも、ライオンズクラブの活動が停滞している一因だと感じた。

ライオンズクラブのガバナーとしての活動は多岐にわたるが、東日本大震災の発生年にガバナーを務めたため、被災地の復興支援、被害者支援は最も大きな課題のひとつとなった。

私が最初に被災地に足を踏み入れたのは9月3日、ウィンクン・タム国際会長に同行して宮城県を訪れた時である。タム国際会長はライオンズとして最大限の支援を約束するとともに、被災地に1700万ドルの義援金を贈った。

私はその翌日、名取市閖上《ゆりあげ》地区で200本の植樹を行うとともに、仮設住宅に米と水を寄贈した。

12月11日には岩手県の陸前高田市を訪れ、障害者支援施設「ひかみの園」に「ふれあい体験広場」を設置するとともに、ボードゲームを贈った。

年が明けた12（平成24）年1月23日、新横浜プリンスホテルで開催した330B地区の新春賀詞交換会ではサブタイトルを東北震災復興支援とし、会費の一部を義援金として贈呈した。

また、当日はガバナー就任を機に私がデザインしたライ

ウィンクン・タム国際会長（左）とガバナー就任の記念撮影。会長は筆者がデザインしたライオン柄のネクタイを気に入ってくれた＝2011年7月8日、シアトル

オン柄のグリーンのネクタイやガトーよこはまのチーズケーキを販売し、その売上金も義援金に加えて贈った。

一方、同期のガバナーである中居雅博さん（332A地区・八戸ライオンズクラブ）と協力し、宮城県気仙沼市、岩手県大船渡市、釜石市などに復興支援のための屋台村を開設する手伝いをした。

中居さんは包装資材会社中居食品容器株式会社の社長を務める傍ら、シャッター商店街と化した八戸市に屋台村を立ち上げ、街に活気を取り戻すことに成功。そのノウハウを復興支援に活かし、たとえば「復興屋台村　気仙沼横丁」には1年目に30万人が訪れ、復興のシンボルになった。

同じくガバナー時代に知り合った井桁鳳雄《いけたこうゆう》さんは浅草酉の市発祥の寺とされる鷲在山長國寺（東京都台東区）の住職で、本堂を利用したプロジェクションマッピングを開催するなど、ユニークな取り組みで街の活性化を図っている。

こうした新たな人間関係を築けるのも、ライオンズクラブ活動の魅力のひとつだと思っている。

ザよこはまパレードに毎年参加

ライオンズクラブの地区ガバナー時代の思い出はいくつもある。その中で特に印象深いのは、２０１２（平成24）年に「ザよこはまパレード」に参加したことだ。

横浜商工会議所、神奈川県、横浜市で構成する実行委員会が主催するこのパレードは、１９５３（昭和28）年６月２日の開港記念日に第１回国際仮装行列として催された。横浜市中心街の接収解除によって生じた空地や荒れ地を目の前にした当時の市民が、一日も早い復興を願って企画、実施したことが出発点となっている。

その後、５月３日から６月３日までを「横浜開港月間」とし、その開幕を彩る華やかなパレードとしてすっかり定着した。

ライオンズクラブ３３０Ｂ地区としては、その前身である３０２Ｅ５地区が誕生した65（昭和40）年、当時の小山善次郎ガバナーの時代に初めて参加したと聞いているが、残念なことにその後は途絶えてしまった。

私がパレードへの参加にかじを切ったのは、東日本大震災のために中止された前年を踏まえて復興への思いを込めるとともに、第60回という節目において、ライオンズクラブの社会的存在感の向上を図り、奉仕活動の周知を徹底しようと考えたからだ。

「ザよこはまパレード」に参加。右から筆者、林文子横浜市長、黒岩祐治神奈川県知事＝2013年5月3日

そこで「内なる叫び、沸き起こる魂の躍動〜未来へ・育てる〜」をテーマに掲げ、パレードをライオンズクラブのアクティビティ（地区への奉仕活動）として実行するため、パレード実行委員会を設置した。

準備万端、待ちかねた３日はあいにくの荒天で４日に順延となったが、宮城県から招いた復興よさこいチーム43人、横浜を中心に活動している舞踊団正藤25人、地区内のメンバー45人、総勢１１３人が山下公園マリンタワー前から伊勢佐木町通りまでの約２・５キロを行進した。

正藤勘扇さんが家元として率いる正藤は、日本舞踊の伝統や着物の魅力を世界に伝えることを目指す創作舞踊団。野毛山節を復興させるなど、民謡民舞の分野でも高く評価され、度重なる海外公演を成功させている。

大観衆の中を晴れやかに練り歩く楽しさは、やった者にしか分からないだろう。私はこのパレードがすっかり気に入り、ガバナー退任後も、私が第47代地区ガバナーだったことにちなんで結成した「ライオンズクラブヨンナナ会」として毎年参加している。

そろいのベストは当初のグリーンからブルーに代わったが、薬物乱用防止、献血・献眼・献腎を訴えるラッピングカーや横断幕は毎年手作りしている。

ただし2016（平成28）年のみは不参加だった。例年通り参加するつもりでいたのだが、申込時期が早まったことをまったく知らず、気付いたときは後の祭り。担当者を責めても仕方がないが心残りは大きく、以来、開催要項には十分気を付けて目を通している。

結果的に「平成最後」となった18（平成30）年のザよこはまパレードは、当日の朝まで天気の行方が心配されたが、出発時刻には日が差し、心地よい浜風の中を行進することができた。横浜のにぎわいを創出するため、今後も参加を続けていこうと思う。

ハンブルク市と交流

ライオンズクラブの地区ガバナーの任期は7月から翌年6月までの1年間である。連続再選は認められないが、前ガバナーは地区名誉顧問会議長、副地区ガバナー、チェアパーソンらとともにキャビネットを構成し、地区ガバナーを補佐して地区運営の中枢を担う。

つまり、ガバナーを務めた後の活動こそ重要なのだ。

そう考えた私は自分が第47代地区ガバナーだったことにちなんで「ライオンズクラブヨンナナ会」を結成し、有志による活動を続けている。

2013(平成25)年7月、成田空港からパリ、ベルリンを経てハンブルクに向かった。ライオンズクラブの国際大会に代議員として出席するためで、ユネスコ世界遺産指定の旧市街を擁するリューベックに宿泊、塩の産地として知られるリューネブルクを訪ねて、古く美しい街並みを散策した。

7月9日に行われた国際会長選挙では、美濃加茂ライオンズクラブ(岐阜県)所属の山田實紘《じつひろ》さんが第2副会長に選出された。山田さんは翌年に第1副会長となり、15年のハワイ大会で日本人2人目となる国際会長に就任した。

ハンブルクはドイツ北部の港湾都市で、横浜港とハンブルク港は1992(平成4)年に姉妹港となっている。エルベ川沿いには赤れんがが倉庫が連なり、どことなく横浜と似た雰囲気を漂わせていた。

19世紀末に建てられたハンブルク市庁舎は高さ112メートルの尖塔《せんとう》を持ち、州政府や州議会の議事堂として使用されている。バッキンガム宮殿より6室多い647の部屋があるのがハンブルク市民の自慢だそうだ。ヨンナナ会は7月8日、その地階にあるレストラン「ラーツヴァインケラー」で晩さん会を楽しんだ。

翌9日にはハンブルク市内7地区の16の公園に桜の苗木200本を寄贈、植樹式にはハンブルク区長、在ハンブルク出張駐在官事務所長、独日協会会長らが出席され、テレビや新聞でも報道された。

ハンブルク市での桜の植樹式に参加した筆者（左から2人目）＝2013年7月9日

うれしいことにこの植樹が縁となり、14（平成26）年4月4日、横浜ロイヤルパークホテルで第28代「ハンブルクさくらの王女」ミリアム・ロッスマンさん、ハンブルク独日協会の橋丸榮子会長らのウエルカムパーティーをヨンナナ会主催で開催することができた。

彼女らは「さくら」を通じた国際親善活動を行う「公益財団法人日本さくらの会」の交流事業の一環として来日し、多忙なスケジュールの中で横浜を訪れてくれたのである。

その後、2年に1度公募で選ばれていた「ハンブルクさくらの王女」は16（平成28）年から「ハンブルク桜の女王」に改められた。その初代女王ラウラ・グレーウェルトさんは同年4月、2代目女王アンナ・アルマゴーさんも18（平成30）年4月にそれぞれ横浜を訪れている。

一方で植樹から2年後の15（平成27）年4月、私たちヨンナナ会はハンブルク市を再訪し、開花を待つ桜のつぼみを確認した。今後も成長する桜とともに、ハンブルク市との絆を強めていきたい。

次代のライオンを育成

ライオンズクラブで地区ガバナーを務めた２０１１（平成23）年から12（平成24）年にかけて、私は横浜中央市場と新横浜の二つのクラブを新たに立ち上げて80人以上の会員を獲得、所属している横浜金港ライオンズクラブも10人以上増やすことができた。

それでも会員漸減の時流には逆らえず、地区全体では4人の増加にとどまった。とはいえ、それまで14期も続いていた減少が、わずかでもプラスに転じたことに意味はあったと思う。

その後も14（平成26）年に横浜金港ライオンズクラブの会員を倍増させ、15（平成27）年には横浜レインボー、横浜東の2つのクラブを立ち上げた。すると竹内清剛さんが初代会長となった横浜東ライオンズクラブの働き掛けにより、横浜東レオクラブ、横浜朝飛《あさひ》レオクラブが誕生した。

レオクラブは30歳未満を対象とした青少年育成プログラムの一つで、横浜東レオクラブは、横浜東ライオンズクラブの2代目会長の山岸知幸さんが中心になり、音楽大学の学生や卒業生、若手演奏家らを集めて発足した。地域における音楽普及活動に取り組み、チャリティーコンサートなどを手掛けている。

横浜朝飛レオクラブは、朝飛道場館長の朝飛大さんに竹内さんが声を掛けて誕生した。1958（昭和33）年創設の朝飛道場は東横線東白楽駅の近くにある少年柔道界の有名道場で、リオデジャネイロオリンピック銅メダリストの羽賀龍之介さんらがここで育った。

このようにレオクラブのスポンサーとなり、若者の参加を促すとともに、次世代を育成することも私たちの重要な役目であり、どう考えてもライオンズの活動には終わりがない。

つま正の社業は子どもたちに任せられるようになったが、ライオンズ、調理師会、法人

横浜東レオクラブの認証状伝達式に参加した筆者（左）と田中和徳衆議院議員（右から２人目）＝2015年9月26日

会、間税会、商店会などで常に忙しく動き回っている私は、時に一生泳ぎ続けるマグロやカツオに例えられる。

彼らは自分でエラブタを動かせないため、常に口を開けて泳ぎ回り、海水中から酸素を取り込んでいるのだが、私はただじっとしているのが苦手なだけだ。

そんな私の趣味は10代から続けている記念切手の収集。いつのまにか増えたポスト型貯金箱のコレクションも自慢の一つだが、多くの人が知る私の趣味はカメラ好きから始まった写真撮影で、撮り貯めたアルバムは今や数え切れない。デジタルカメラで撮った２０１１（平成23）年以後の写真は「小山正武のウェブサイト」で公開しているので、ご覧いただいた方もいると思う。

そんな経緯もあり、地区ガバナー時代の機関誌『Ｔｈｅ　Ｓｍｉｌｅ』の表紙には私の写真を使った。横浜新港ふ頭に入港した黒船（復元）、コットンハーバーから見た夜景、横浜ベイブリッジ越しに昇る初日の出など、手前みそだが構図やアングルのセンスは良い方だと自負している。

何かと出掛ける機会が多い私にとってカメラは必需品で、心に残った風景や思い出の旅の記録もたくさん撮りためている。

旧東海道五十三次を完全踏破

多くの人が私のことを、常に泳ぎ続けるマグロやカツオに例える。それは社業や役職仕事に限らず、遊びの面でも手を抜かないからだろう。

たとえば２００５（平成17）年８月６日から09（平成21）年11月14日まで、４年３カ月かけて、東京の日本橋から京都三条大橋まで、およそ４９２キロある旧東海道五十三次を歩き通した。

発案者は横浜商工会議所の小売部会で知り合った田代正樹さん（株式会社たしろ薬品社長）で、こうした「遊び」のプランニングにかけては定評がある。そこで野並直文さん（株式会社崎陽軒社長）、鈴木一男さん（株式会社ダイイチ社長・現会長）ら20余人で「東海道を歩く会」を結成した。

もちろん、それぞれが仕事を持つ身だから、1日に20～25キロ前後歩いて日帰りし、次回はそこから歩き継ぐというスタイルだ。

最大の難所はやはり箱根八里の山道だった。雨にたたられ、こけむした石畳が滑りやすくなり、たいそう難儀した覚えがある。

39番目の池鯉鮒宿《ちりゅうじゅく》（知立市）から次の鳴海宿へ向かう途中、国道1号から南へ入り、「桶狭間古戦場伝説地」（豊明市）の碑がある公園に寄り道した。史上名高い「桶狭間合戦」は谷間で行われたと思っていたので、目の前になだらかな住宅地が広がっていることにずいぶん驚いた。

箱根と並ぶ難所として知られる鈴鹿峠を越え、近江国（滋賀県）に入ると最初の宿場が土山宿。その西の外れにある安井酒造場ではご主人とすっかり意気投合し、後日横浜で再会した。そんな出会いを踏まえたわけではないが、会の名前はいつの間にか「一期一会の会」に変わっていた。

土山宿から三つ目の草津宿は中山道と合流する要衝だが、次の大津の先がゴールの三条大橋という安堵感もあったのだろう、古くからの名物として知られる「うばがもち」がとておいしく感じられた。

会員の仕事や予定に合わせてできる限り日程を調整したものの、急な都合で参加できない場合もある。中には初回で挫折した人もいて、完全踏破したのは私を含めて十数人。こうした遊びといえども、目標を達成した喜びは今も忘れられない。

東海道唯一の海路で熱田から桑名に渡った筆者（前列右）。その左が鈴木一男さん、２人おいて野並直文さん、後列右から２人目が田代直樹さん

この東海道歩きと全く趣旨は違うが、郵便局を応援する会「ゆう遊友の会」の旅行も毎年楽しんでいる。

1回の参加者が貸し切りバス7〜8台にもなる大規模ツアーで、出発日をずらして施行されるため、総勢は千人以上になるだろう。旅先の郵便局の協力が得られるので、普通のツアーよりもお得な旅になる仕組みだ。

近年は、たとえば大河ドラマ「八重の桜」の舞台となった会津、世界遺産に指定されたばかりの三保の松原、富岡製糸場など、その時々に話題になった観光地が選ばれている。16（平成28）年には、行きは北陸新幹線、帰りは小松空港からの空路を利用して北陸方面へ足を伸ばし、金沢、永平寺、山中・和倉温泉、白川郷・五箇山を巡った。「加賀野菜」とも呼ばれる伝統野菜を見るだけでなく、実際に味わうこともでき、一石二鳥の旅となった。

人との出会いは大切な財産

東海道を歩く会は「一期一会」の会でもあったが、人生における出会いには時に絶妙なものがある。

それを感じさせる一人が和食の板前だった岡島六平さんだ。知り合った頃は正友六進調理師紹介所の責任者で、１９９２（平成４）年に私の誘いで横浜金港ライオンズクラブに加入した。

その岡島さんに紹介されたのが彫書家・竹工芸家の綾部経雲斎先生である。

綾部先生は静岡県函南町に工房を構え、伊豆の韮山竹にこだわった創作活動を続けていた。どういうわけか私のことを気に入り、慶事のたびに書や竹根印を贈ってくれた。一つ一つ形が違う竹の根に彫られた印鑑は唯一無二の貴重なものである。

2013（平成25）年には函南町の田んぼの真ん中から出土した古代杉でテーブルと椅子を作っていただいた。現在はガトーよこはま本店で使わせてもらっている。

綾部先生は上野公園の西郷隆盛像の碑「敬天愛人」を刻んだ作家として知られる通りこの言葉を好み、その掛け額も頂いた。毎年、先生の工房を訪れるのを楽しみにしていたが、残念なことに17（平成29）年に亡くなられた。先生から贈られた「宝積」の書と「赤富士」の絵は私の宝物となっている。

株式会社コウナン（泉区）社長で、生鮮市場コウナンを経営する酒井誠一さんとの付き合いもずいぶん長くなった。横浜青果商業協同組合の理事長として関係業者のためにいつも汗を流してくれているからだ。

この組合では商売繁盛・家内安全を祈願する「大山講」を組織して毎年大山阿夫利神社（伊勢原市）に参拝しており、18（平成30）年も8月5日に登った。大山阿夫利神社には何度も参拝のために登っており、ライオンズクラブの地区ガバナーだった12（平成24）年5月、金箔《きんぱく》のつり灯籠を寄進した。

大手生命保険会社のトップセールスマンと歌手の二刀流で知られる南部直登さんは働く

綾部経雲斎先生から贈られた「宝積」の書と「赤富士」は筆者の宝物＝社長室にて

人を元気にする応援歌にこだわっている。

多くの社歌を作っていると聞き、ライオンズクラブの歌を作ってもらった。それが縁で、ディナーショーやライブに足を運んでいるが、クラシック、ジャズから演歌まであらゆるジャンルを学んだだけあり、聴かせる歌唱力の持ち主だ。

偶然知り合った元新聞記者の吉田亘孝さんに紹介されたのが、日本で初めて心臓移植手術を行った心臓血管外科医の和田壽郎先生。

成り行きで誕生日パーティーに出席すると、財界の大物や著名人がずらり。記者の人脈の広さに驚くとともに、知り合ったばかりの私に気軽に話し掛けてくれる和田先生の人柄に魅了され、後日、大好物だというビーツ（ボルシチに使う赤い野菜）を贈った。

17（平成29）年2月、和田先生の七回忌が日本外国特派員クラブで開催されたが、こうした場に誰が集まるかで人の器の大きさが分かるものだとつくづく感じた。ひょんなことから畑違いの人に出会い、その人脈が広がるからこそ人生は面白いのかもしれない。

こまつな保育園を開く

31年続いた平成も終わりを迎えるとあって、私が10代後半からともに歩んできた横浜市中央卸売市場も年を経た分にふさわしい変化を見せている。

特に近年は市場で働く人たちの高齢化が進み、活力の低下を感じることが多くなった。実際、青果部の取扱金額こそ1千億円前後で推移しているものの、水産部の取扱金額はこの20年間で半分以下に、取扱数量は約3分の1に落ち込んでいる。

横浜市の人口が増加を続ける中で市場の取引量が減っているのだから、残念ながら市場自体に課題があることになる。そこで関係者と知恵を絞り、保育園を開設することにした。

「市場で働く人に高齢者が多いのは、育児と仕事を両立できる環境がなく、若い女性が出産を機に辞めてしまうからだ。若い人が長く働ける環境が整えば市場が活性化し、新し

こまつな保育園の卒園式にて卒園証書を手渡す筆者＝2016年3月31日

い雇用が生まれる可能性もある」

そこで２０１５（平成27）年4月から始まった「子ども・子育て支援制度」による小規模保育事業として実施するべく、横浜市や神奈川区の担当者と話を進めた。

運営主体はつま正を含む中央市場内の卸売業者など11法人が出資する「横浜中央市場保育園株式会社」で私が代表に就任。そして同年9月、中央市場センタービル内に「こまつな保育園」を開園した。この園名には、入園児たちが横浜市の特産品で栄養価も高い小松菜のようにすくすくと育ってほしいという願いが込められている。

保育施設は診療所跡地を改装した2階2室と4階の1室からなり、4階は屋内遊戯室だ。2階の1室が保育室、もう1部屋は保育士の休憩室、保護者との面談室、熱を出した子どもを隔離する部屋などに使用できるようになっている。

開所時間は午前7時から午後6時。受け入れるのは0歳（生後57日目以降）～2歳で、定員は9人。6人を市場内の従業員枠とし、0～2歳までの各年齢で1人ずつ、地域住民が申し込める「地域枠」を設けた。また同じ神奈川区の「幸ケ谷幼稚園」と連携し、卒園後に受け入れてもらう仕組みも整えている。

私が一番こだわったのは市場の保育園ならではの、新鮮で安全な食材を使用した給食を提供することで、魚を好きになってもらえるメニューを工夫している。管理栄養士兼調理師が調理にあたるほか、阿部徳子園長も保育士資格と調理師資格を持っている。

現在は正保育士4人、補助保育士1人で8人の園児の面倒を見ている。

「補助金を受けても実情は赤字続きだが、誰かがやらなければいけないことであり、出資者も趣旨に賛同してくれている。当面は私が穴埋めしつつ、将来的には床面積を広げて定員を増やし、徐々に採算性を高めていきたい」

市場は朝が早く男社会と思われているが、女性が活躍できる余地は多く残されている。保育園設置はその第一歩になると思う

創業40周年の喜びに重なる栄誉

長寿の祝いはまず満60歳の還暦。その次は満70歳の古希祝いが相場だが、２０１４（平成26）年3月8日、私は65歳の誕生日を新横浜国際ホテルで迎えた。「小山正武氏緑寿を祝う会」である。

耳慣れない「緑寿」とは09（平成21）年、日本百貨店協会が提唱したもので、数え年の66歳は介護も必要なく、現役世代と高齢世代の節目の年齢という考え方から、新たな社会活動への参画を促すスタートラインとして位置付けられたものだという。

そして21世紀が「環境の世紀」といわれることから「緑」をイメージし、66歳だから「緑寿」となるところを簡潔にして「緑寿」と名付けたそうだ。

デパート業界に踊らされたような気もするが、これもひとつの節目と思うと、素直にうれしかった。

そのおよそ半年前、つまり正創業時の恩人のひとりでもある長峯良斎さんの引退に伴い、長峯水産の事業を受け継いだ。現在は塩干物や練り物を中心とした海産物を取り扱っている。

また14（平成26）年6月には、横浜市中央卸売市場の水産棟飲食街で長く続いた食堂「もみじや」の閉店を惜しむ声を受け、新たに飲食店事業を手掛けることになった。

老朽化していた厨房設備や店内を急いで改装し、募集に応じた板前の風巻信行さんの協力を得て、約1カ月後にリニューアルオープンにこぎつけた。

県民功労者表彰受賞とつま正創立40周年記念を「祝う会」の筆者（前列中央）＝2017年11月15日

こうして業務用野菜卸売業のつま正を中心に、ガトーよこはま、長峯水産、もみじや、こまつな保育園からなるつま正グループは17（平成29）年、創業40周年を迎えた。その周年祝賀に花を添える形になったのが、保健衛生分野における私の県民功労者表彰である。

表彰理由は、神奈川県調理師連合会会長などの役職を通じて組織の充実や調理師の指導育成に努めるとともに、保健衛生の向上に尽くしたことなどで、世のため、人のためになると信じて歩いて来た道が認められたと感じた。

たとえば私は食品を扱う立場から衛生管理を

徹底するため手洗いマイスターの資格を取得、従業員や調理師会会員、市場関係者などを相手に自ら手洗い講習の講師となって公衆衛生の啓発を行ってきたが、そういう点も評価された。

11月15日、私の県民功労者表彰受賞とつま正創立40周年を祝う会が、横浜ロイヤルパークホテルで開かれた。

田中和徳衆議院議員が発起人となって企画されたもので、当日は国会議員や柏崎誠横浜市副市長や神奈川県議会議員、横浜市会議員など約500人が参加してくださった。

つま正の周年記念や誕生日など、祝い事やパーティーを何度となくやってきた私だが、妻の万美、3人の息子や8人の孫たちとそろってこの場に立った喜びはひとしおだった。そこには創業直後から苦楽を共にしてきた寺崎武文専務、小山雅教常務やその家族の姿もあった。そうした人々の笑顔があってこそ、頑張ってこられたのだと改めて思った。

調理師会に新風を吹かせる

私は1972（昭和47）年に調理師免許を取得し、40歳前後から調理師会の活動に深く関わるようになり、2015（平成27）年6月から神奈川県調理師連合会会長を務めている。

そんな私の右腕が副会長で金港ライオンズクラブ会員でもある楠明さんで、娘の梨恵子さんは神奈川県議会議員として活躍されている。能登（石川県）七尾市出身の楠さんが創業した割烹宮古寿司（栄区）は味はもちろんのこと、人数の多い宴会や法要に丁寧に対応してくれることで定評がある。

調理師に関する業界団体はいくつもあるが、私は神奈川県調理師連合会の上部団体である公益社団法人日本調理師会に重きを置いている。それは同会の前身が調理師法の施行を受けていち早く設立された先駆的な会であるからだ。

とはいえ、現在の日本調理師会は一部に会員不在の空白県があり、県によって会員数のばらつきも大きい。また、神奈川県は県の指導で神奈川県調理師連合会に統一されているが、複数の調理師会が並立している地区もある。

「日本調理師会の組織を増強して調理師の社会的立場や認知度を上げ、もっと社会に寄与したい」

そんな思いを強くしたきっかけは18（平成30）年4月、石川東功前会長が急逝したことだ。その後に発足した新体制では岩手県調理師会長の加藤綱男さんが新会長に就任し、私

日本調理師会役員らとともに島村大参議院厚生労働委員長（左から５人目）を訪問。島村議員の右が加藤綱男日本調理師会会長、左が筆者＝2018年8月22日、参院厚労委員長室

を含めた８人が副会長となり、私は会長代行を兼務することになった。

会員増強のため、まず空白県の調理師会を訪問することから始め、また会員数が最多の神奈川県では支部を分立させるなどして、発言権を高めるよう努めている。３５００人を率いる地区会長と、会員が１００人以下の地区会長とでは、組織内における発言権に差があってしかるべきだと思うからだ。

例えば米国のライオンズクラブは一定数を超えると強制的に分割して代議員を増やすのが常道だが、日本では巨大化したらしたままだ。それは組織の動きを鈍化させ、個人の責任感を希薄にさせると思う。

ライオンズクラブで学んだ手法がそのまま調理師会に通じるとは思っていないが、ライオンズの人脈を通じて会員増強を図ることはできるのではないだろうか。

もう一つ早急に取り組みたいのが「調理師資格を持っていなくても飲食店は開業できる」という状況を改めることだ。

現状で開業に必要とされているのは、都道府県単位で設置されている食品衛生協会が実施する講習を受ければ取得できる「食品衛生責任者」資格だけ。それも数時間程度で、日本語テキストしかない。外国人の受講者も増えているのに、このままで良いとはとても思えない。

その法改正への第一歩として自民党参議院の島村大厚生労働委員長、公明党の三浦信祐委員らに陳情し、厚生労働省の担当部局を訪問した。課題は高齢の既開業者への対応だが、立法・施行までに時間がかかるため、資格の優先授与や猶予・移行期間の設定などで対応可能だと考えている。

東奔西走充実の日々

私はマイクロソフトのソフトウエア・エクセルを使ってスケジュールを管理している。そうしないと分からなくなるほど、行事やイベントが多いからで、一部の人にはネット上

高野山蓮華院で昼食。手前から日本調理師会の宇野登監事、筆者、東山泰清大僧正、川島壽元副会長、加藤綱男会長夫人、加藤綱男会長＝2018年7月10日

で予定を公開して調整しやすいように工夫している。

やはり神奈川県内や首都圏での所用が多いが、例えば２０１８（平成30）年は早々に山形県の天童温泉の利き酒会、米沢の上杉雪灯祭り、伊豆の河津桜、奈良月ケ瀬の梅などを楽しみ、4月21日には新宿御苑で開かれた安倍晋三内閣総理大臣主催の「桜を見る会」に参加した。5月に台湾基隆和平ライオンズクラブの会長交代式、7月にはラスベガス国際大会に出席した。

これらの合間に孫たちの学校行事や発表会があり、つま正ファームで畑仕事もする。つま正ファームは一粒の種から収穫までの苦労を社員たちに知ってもらうために始めたもので、今は近くの農家から50坪あまりを借りている。社員研修だけでなく、お客さまとの触れ合いの場にもなり、18（平成30）年の6月には5種類のジャガイモの収穫祭を催した。

こうした日々を過ごしていられるのも、あずま医院（南区）の東都宏名誉院長、息子の千春院長のおかげだ。特に大病をしたわけではないが、宏先生とライオンズクラブで知り合い、２００３（平成15）年ごろから定期検診などで世話になっている。

07（平成19）年に軽い糖尿病が見つかって薬を飲み始めたため、１９７６（昭和51）年から年４回ペースで続けてきた献血はできなくなってしまったが、延べ１１３回の献血は私の自慢の一つだ。

26（大正15）年生まれの宏先生はずっと現役で診察を続け、90歳の卒寿をライオンズクラブでお祝いし、17（平成29）年のつま正40周年祝賀会でも祝辞を述べてくれた。直後に倒れたものの今はすっかり回復されたのでホッとしている。

18（平成30）年の出来事で印象深いのは7月9日、日本調理師会の和歌山総会の際、紀州東照宮や和歌浦天満宮を訪れたことだ。和歌山屈指の景勝地に建つ和歌浦天満宮は日本三菅廟《びょう》の一つで、荒削りで急な石段を上った先に本殿がある。小板政男宮司が快く出迎えてくれ、天満宮ゆかりの梅園で採れた梅で仕込んだ貴重な梅酒を土産にくださった。

その後、日本調理師会の石川東功前会長の供養のために高野山に参詣し、蓮華院住職で高野山第517世寺務検校執行法印の東山泰清大僧正と昼食をともにする機会を得た。和歌山県食品衛生協会会長で、調理師会とはご縁があるのだが、風格と気さくさを兼ね備えた人柄で、横浜での再会を約束した。

この後、さらに鳥取県三朝温泉を訪れて有形文化財の旅館大橋に宿泊。3日間で1810キロも運転する大旅行となったが、次の週末の15日から1泊2日で富士山登山に挑み、1年前の8月に8合目で断念したリベンジに成功した。

気管支系が弱く血中の酸素濃度が薄いため、休みながらの行程を組んだこと、1年間、階段を2段飛ばしで足腰を鍛えた努力が実を結んだ。

新社屋に思い込めて

顧みれば50歳を超えた頃から、会社の一線からは60歳かせいぜい65歳で退こうと考えるようになった。それを果たせないまま今日まで来たが、それも平成の終わりとともに実現できると考えている。というのも、私は2019（平成31）年3月に70歳となり、5月には3度目の自社ビル竣工という節目を迎えるからだ。

5階建ての新社屋は市場通りをはさんだ反対側に建設中で、1階が大型冷蔵庫と駐車場、

2階が作業所、3階が事務所、4階は東京ガスの協力で厨房と教室、5階にはホールを置く予定だ。最新の衛生管理や温度管理設備を導入し、国際的な衛生管理手法であるHACCPに準拠したものになる。

新社屋建設予定地にて。前列左から、小山雅教常務、筆者、寺崎武文専務、後列左から三男正治、長男正和、次男正篤＝2018年8月9日

中でも楽しみにしているのは、「市場発の料理教室」で、4階の厨房と教室はそのための設備でもある。

横浜市中央卸売市場でも旬の魚や野菜を使ったレシピを紹介したり、料理教室を開催しているが、設備の老朽化が著しい。当社のビルは市場の近くに建つのだから、市場や調理師会とも協力し、特に魚を使った料理を紹介していきたい。

こまつな保育園でも魚を使った離乳食を提供するだけでなく、親も一緒に食べられるようなメニューを提案しており、魚の消費喚起は市場の活性化には欠かせないと思っている。

つま正の創業から40年、寺崎武文専務がフルーツや野菜の加工、小山雅教常務が野菜の仕入れを主に担当して私を支え続けてくれたからこそ今日がある。おかげで経営的には一度も赤字に陥ることなく、勤続二十、三十年という古参社員も含め、現在つま正グループ全体で160人以上が働くようになった。

正和、正篤、正治の3人の息子がそろって責任のある立場で私や会社を盛り立ててくれるようになり、女6人、男2人の孫たちの成長も日々感じられる。公私ともに恵まれた人生を過ごしていることを改めて実感しつつ、長年、つま正を支えてくれた取引先、関係先の皆さま及びつま正グループの従業員に、改めて心からの感謝を捧げたい。

おわりに

思いがけないことではあったが、70歳という節目を迎える前年に、新聞連載という形で自分の人生を振り返る機会を得られたことに今は改めて感謝している。

これまでの自分の生き方を省みて思うのは、組織のトップの責任の重さである。近年は官民問わず組織の不祥事が目立つが、その原因は責任ある立場に立つ人間の勘違いや思い上がりにあるのではないだろうか。

組織のトップに求められるのは、私心のない公の心と後継者を育てて組織の健全な存続を促すことだが、昨今は地位や役職にばかり拘泥するトップがあまりにも多い。

私もそうした落とし穴に陥らないよう、日々、わが身を振り返る毎日である。

3カ月にわたった連載記事を本書にまとめるにあたり、タイトルを『宝積』としたのは、それが私の座右の銘であるとともに、これからも「人に尽くして見返りを求めない」という生き方を貫き、社会に尽くしたいという決意表明でもある。

本書にお目通しの上、これからの私の人生を温かく見守っていただければ幸いである。

２０１９年春

小山正武

著者略歴

小山　正武（こやま・まさたけ）

1949年新潟県生まれ。1972年調理師免許取得。1977年に業務用野菜販売のつま正（現・株式会社つま正）を開業。現在は中央市場物産、ガトーよこはま、長峯水産、もみじや、こまつな保育園などの事業を展開するつま正グループを率いる。公益社団法人日本調理師会会長代行副会長、神奈川県調理師連合会会長、神奈川・港北間税会会長、横浜商工会議所北部支部支部長、横浜中央市場通り商店会会長。ライオンズクラブ国際協会330-B地区第47代ガバナー。70歳。

わが人生16　宝 積　人に尽くして見返りを求めず

2019年3月8日　初版発行

著　　者　　小山正武

発　　行　　神奈川新聞社
〒231-8445 横浜市中区太田町2-23
電話 045(227)0850（出版メディア部）

 ISBN978-4-87645-592-8　C0095

神奈川新聞社「わが人生」シリーズ

1 医師ひとすじ 信念を持って　神奈川県医師会会長 田中 忠一
2 スカイラインとともに　S&Sエンジニアリング社長 櫻井眞一郎
3 いつも滑り込みセーフ　横浜高校監督 渡辺 元智
4 湘南の獅子 地域に生きる　湘南信用金庫理事長 服部 眞司
5 大正浜っ子奮闘記　崎陽軒会長 野並 豊
6 かわさき農歓喜　JAセレサ川崎代表理事組合長 小泉 一郎
7 湘南讃歌　俳優 加山 雄三

神奈川新聞社「わが人生」シリーズ

8 水族館へようこそ　新江ノ島水族館館長　堀　由紀子

9 横浜中華街 街づくりは たたかいだ　萬珍樓社長　林　兼正

10 ヨコハマ邂逅《かいこう》 ものづくり企業の挑戦　神谷コーポレーション会長　神谷　光信

11 生かされて生きる 「捨ててこそ」の実践　時宗法主、遊行74代　他阿真円

12 「未知」という選択 世界のレオ 創造の軌跡　物理学者・横浜薬科大学学長　江崎玲於奈

13 郷土を愛する心 社会奉仕に生涯を　神奈川県観光協会会長・川崎港振興協会会長　斎藤　文夫

14 学ぶ力 働く力 生き抜く力　学校法人柏木学園学園長　柏木　照明

15 凜として 協働の記録 平塚から　前平塚市長　大藏　律子